THICK
DESCRIPTION

传递历史主线的脉动

丛书主编　王东杰

从此殊途

儒学社会性格的明清嬗蜕

张循 著

巴蜀书社

总序

“深描”（thick description）两字广为人知，大概主要得力于人类学家克利福德·格尔茨（Clifford Geertz）的使用；而格尔茨又明言，这个词是他从哲学家吉尔伯特·赖尔（Gilbert Ryle）那里借来的。格尔茨解释何谓“深描”，举的都是赖尔用过的例子：一个人眨了下眼，他可能就只是眨眼而已，用来缓解一下视觉疲劳，但也可能是跟对面的朋友发送了一个心照不宣的信号，或者是在模仿取笑第三个人，甚或可能只是一个表演前的排练。我们要确切把握行为者的真实意图，不能依靠对动作的“浅描”（thin description）——比如，某人正在迅速张开又合上他的右眼——而是要提供一套对其“意涵”加以破解的方式：这意涵由行为者所在的社会与文化共识决定（也离不开物质和生理条件的制约）。照我理解，最粗浅地说，“深描”即是将对象放在其所在的具体语境中加以理解。它得以成立的理论上的前提，则是相信人是一种追求并传达“意义”的动物。

编者相信，“深描”不是一种固定的研究手段，而是一种观察世界的方法。世界如许广阔，收入这套丛书的著作，当然也不限一个学科。其中以史学作品居多，那自然同编者自己的学科训练及交游局限有关，但也收入人类学、社会学、文学史、艺术史、科技史、哲学史、传媒研究的著述。若说它们有什么共同之处，那主要是形式上的：每本书的体量都不大，约在8万−12万字上下——这种篇幅在现行学术考评体制下颇为尴尬，作为论文似乎太长，作为专著又似乎太短；方法上，秉承“小题大做”原则，力图透过对具体而微的选题进行细致深密的开采，以传递历史主线的脉动，收到“因小见大”的效果。丛书所收皆是学术著作，但也希望有更广的受众，因此在选题方面，希望多一点风趣，不必过于正襟危坐、大义凛然；在表述上以叙事为主，可是也要通过深入分析，来揭晓人事背后的“意义”，同时力避门墙高峻的术语，追求和蔼平易、晓畅练达的文风——然而这却不只是为了要“通俗”的缘故。而是因为编者以为，“史”在中国本即是“文”，20世纪以来学者将此传统弃置脑后，结果是得不偿失，不仅丢掉了更多读者，也丧失了中国学术的本色精神。“深描”则尽可能接续此一传统，在中国学人中提倡一点“文”的自觉（至于成绩如何，当然是另一回事）。

用今日通行的学术评估标准看，“深描”毫无疑问位处边缘，不过我们也并不主动追求进入“中心”。边缘自有边缘的自由。在严格遵循真正的学术规范、保证学术品质的前提下，“深描”绝不排斥富有想象力的冒险和越界，甚至有意鼓励带点实验性的作品。毕竟，“思想”原有几分孩童脾气，喜欢不带地图，自在游戏，有时犯了错误，退回即是。畏头畏脑、缩手缩脚、不许乱说乱动，那是管理人犯，不是礼遇学者。一个学者“描”得是否够“深”，除了自身功底的限制，也要依赖于一个允许他／她“深描”的制度与习俗空间，而这本身即是“深描”所要审视的、构成社会文化意义网络的一部分。据此，编者决不会为“深描”预设一个终结时刻，而是希望它福寿绵长——这里说的，自然不只是这套丛书。

王东杰

contents

目　录

引　言

从明末到清初，儒学从“尊德性”的理学逐渐转变成“道问学”的考据学。儒学面貌何以会发生如此巨大的转变，这是中国思想史上的一个专门大问题。自清末以来，已经有许多研究者对这一转变发生的原因提出了各种各样的解释。这些解释虽然繁多，能自成一家言者亦不过数家，大体可从思想的外缘与内在两个方面来着眼。就思想的外缘一面而言，章太炎将考据学的兴起视为清代严酷政治压迫的产物，士人以不涉现世政治风险的古典考据为其逃死之途，所谓“家有智慧，大凑于说经，亦以纾死”（章太炎、刘师培等，2006：5）。侯外庐等人则援引马克思主义的历史公式，把明清之际的思想转变看作底层经济基础变动的表征，清代思想史的意义就是一场“启蒙运动”，是新兴的市民阶级在发出声音（侯外庐，1958）。从思想内在着眼者则强调思想史本身有一种固有的动力推动自身的演变。钱穆提出他的“每转益进”说，以为清代考据学是从宋明理学中移形转步而来，“清代乾嘉经学考据之盛，亦理学进展中应有之一节目”，然则“有清三百年学术大流，论其精神，仍自延续宋明理学一派，不当与汉唐经学等量并拟”（钱穆，2004：357-359）矣。[①]余英时继承钱穆“延续”的眼光而为说更为精密，其“内在理路”说以为，清代的考据学转向是儒学内部“道问学”传统兴起的结果，正是理学内部义理争论的持久不绝，使学者不得不回头取证于儒家经典而求最后解决，“道问学”之兴起亦便托运于此（余英时，2000）。至于梁启超和胡适视清代考据学为针对宋明理学空疏流弊的一场反动（梁启超，1985；胡适，1991：997-1103，1143-1185），则是介于思想内、外之间的解释，因为清初诸儒之斥责理学

① 冯友兰有一个与钱穆很相似的看法，他说清代“之汉学家，若讲及所谓义理之学，其所讨论之问题，如理、气、性、命等，仍是宋明道学家所提出之问题。其所依据之经典，如《论语》《孟子》《大学》《中庸》等，仍是宋明道学家所提出之四书也。……由此言之，汉学家之义理学，表面上虽为反道学，而实则系一部分道学之继续发展也”（冯友兰，2000：302）。惟冯氏尚只说汉学家之“义理学”为部分理学的发展，未如钱穆这里将清代经学也视为“理学进展中应有之一节目”。

空疏，大体皆伴随着视理学为明亡祸首的情绪。[①]

现在回头审视这些既有解释可以感觉到，一般地说，它们各自看到了明清儒学转向过程中的某些面相，针对这些面相而提出了转变发生的原因。但很显然，这些解释中没有哪一种是全面性的，都不可能仅靠一家之力即将问题全部解决。当我们以其中任何一种解释来观察历史时，都能或多或少地发现这种解释所不能处理的史实。由此我们即能得到一个启示：明清之际儒学转向的原因本来就是多元的。如果具体到历史实际过程之中，则意味着不同的儒者很可能是由于不同的“原因”而转入通往考据学的方向。钱穆说“清初诸老，尚途辙各殊”（钱穆，1997：353），大体即是此意。

不过现在我们必须注意：第一，无论时人走向考据学的具体原因何在，只要他们将经史考证之学视为学问的正途，就意味着儒学理论重心的一个暗中的转移，即从“道在人心”转向“道在六经”；第二，这个从“道在人心”向“道在六经”转变带来的结果将是“整体性”的，并不仅仅是一个“学术”层面的问题。现代研究清代思想史的人有一个常见的偏向，他们习惯用现代的学术分类来回溯清代考据学，以寻找其中蕴藏

① 本书无意对上述既有研究做进一步的平议，读者欲知其详，可参看黄克武（黄克武，1991：140–154）、丘为君（丘为君，1994：451–494）、敖光旭（敖光旭，2001：76–85）的研究。

的“现代性”。站在现代诠释的角度，这样的看法或亦无可厚非，但若从历史学的立场出发，我们也许更应该将清代考据学放回其原有的整体背景中来考虑，恢复考据学家们“儒者”的身份。我们不能不承认，自宋代以降的新儒学，其最终目的在于行道，以建设出一个符合“道”的理想世界。尽管这个愿望时强时弱、时显时隐，但始终如喑者不忘言、痿者不忘起，一旦外缘条件允许，立刻就会跃上前台。从这里着眼，则钱穆所谓自宋以下都是“理学一派”确实有相当的道理。新儒学在整体上是一种追求从“内圣”到“外王”连续过程的学问，在这一点上，自宋至清的儒学精神的确基本是一致的。这种一致性的存在，就整体的文化史而言，是由于这期间社会结构的大体一致。进入宋代，唐以前的世家贵族消灭殆尽，“四民”社会逐渐成形，其中的“士”阶层始终以“内圣外王”的理想参与政治、领导社会，并起到沟通社会上下层的作用。数百年时间里，士人“内圣外王”的理想虽基本不变，但其“内圣外王”的具体方式则随着思想内在逻辑与外缘环境的不断互动而屡有调整。通过追寻这一系列调整的大脉络，我们就能把握到士人在不同阶段时其精神意趣和社会自定位的变化。站在这样的“整体”的立场上看，明清之际儒学理论重心从“道在人心”向“道在六经”的转移，其结果将会是儒家整个“内圣外王”具体方式的一次大调整，而不是仅仅所谓“治学方式”的转变。职此之故，如果把清代考据学和之前的宋、明理学放到这样的连续背景里来观察，也许就将看到另外一幅明清之际儒学转向的画卷了。

一旦我们回到“儒者”的整体立场上去观察，就会发现清代考据家在现代研究者的论述里呈现着两副不同的面孔。在相当长一段时期里，清代考据家基本上是被当作一群埋首故纸、不问世事的人来看待的。刘师培曾说：“明儒之学，用以应事；清儒之学，用以保身。……然亦幸其不求用世，而求是之学渐兴。”又说：“明儒之学，以致用为宗……清儒之学，以求是为宗。”（章太炎、刘师培等，2006：154，162）钱穆言及清初诸儒时亦谓：“不忘种姓，有志经世，皆确乎成其为故国之遗老，与乾嘉之学，精气夐绝焉。”（钱穆，1997：1）言下之意，无论与前代儒家还是清初儒者相较，清代中期的考据学家都“不求用世”，其“经世”之志颇为淡漠。自20世纪80年代以来，这种传统观点逐渐受到挑战。研究者从各个方面纷纷指出，即便在考据学风盛行的乾嘉时代，儒学的经世精神也并没有消弭（周积明、雷平，2006：1-10）。清代的“礼”学在其间尤其受到关注。张寿安教授即认为，“清儒最关怀的不是个人内在道德修为的成圣境界，而是如何在经验界重整社会秩序”（张寿安，2005：2），“其目的是要把儒学思想从宋明理学的形上形式，转向礼学治世的实用形式”（张寿安，2001：

1）。如此则与前代儒家相较，清代考据家更加致力于“重整社会秩序”，反倒是与现实世界贴得更近的。这两种对清儒经世问题的观点看似相反，实则各自看到了一个重要面相。不过问题恰恰也要由此牵出：清代考据家掀起“礼”学研究的持续热潮，的确有“重整社会秩序”的意旨贯注其中，但与此同时我们又必须承认，考据家又普遍使自己的学术工作与一般人生日用之间维持了一个遥远的距离，说他们不问世事也未见得全出于误解。这两个相反的面相如何能够同时聚于考据家一身呢？他们是如何在自己的学术理念里使这两个方面获得安顿的呢？这个问题牵涉很广，它与清代社会现状、由宋到清儒学相关面相的变化乃至整个儒学传统都息息相关。本书也将对此问题给出一个初步的解答，以期有利于我们在融会成说的基础上对清代考据学获得一个综合的理解。

清代儒学的转向当然与思想的内在逻辑有关，与此同时，晚明以降社会经济前所未有的大发展也是不可忽视的重要因素。这个大发展则显然与其时刚刚开启的所谓“全球化”相关。[①]今日的中国再次身处“全球化”带来的社会经济突飞猛

① 如魏斐德（Frederic Wakeman Jr.）所言：“对当今的历史学家们来说，明朝末叶中国与世界货币体系的关系是相当清晰的。”（魏斐德，1995：1–2）较详细的论述可看樊树志关于“‘全球化’视野下的晚明”的讨论（樊树志，2016：1–174），以及若干海外汉学家聚焦于明清之际的中国与“全球化”问题的讨论（国家清史编纂委员会编译组，2013）。

进的时势之中，其广度与深度固然已经远非明清时代所可同日而语，但就其趋向而言，从晚明到今天未尝不可视为一个具有连续线索的历史阶段。另一个重要的外缘条件是明清鼎革易代。对现代人而言，那不过是又一次王朝更迭而已，但对其时的士人来说则是天崩地解的变革，他们的思想和心理不可能不因此而受到强烈的震撼。因此，本书特别希望摆脱既有研究在思想内在与外缘两边畸轻畸重的偏向，把握住儒学本身既“内圣”又“外王”的特点，获得一个将儒学内在逻辑及其所处外缘环境打成一片的视野。[①]这一点若能做到，则不仅是学术研究上的进境，同时作为研究者，在体会明清儒者“内圣外王”的传统时，或也能稍减学不经世、空费精神的隐忧吧！

---

① 美国汉学家艾尔曼（Benjamin A. Elman）的《从理学到朴学——中华帝国晚期思想与社会变化面面观》已经在尝试兼顾思想史的内、外层面（艾尔曼，1997）。大体言之，本书采用知识社会史的方法，主要考察支持考据学的诸多客观条件，让我们看到考据学是在怎样的社会环境之下出现及壮大的。不过如黄进兴所言：“本书处理考证学的外缘因素的确相当成功；但内在理路方面，除了提及经世思想及学风的转变，似稍欠深入。”（黄进兴，1998：499）同时在时段上，该书主要关注的是清代以降考据学风气既成之后的“思想与社会”（主要在“社会”），对明清转折之际的情况则甚少涉及。

上篇

“求同”与“存异”：明清之际儒学社会性格的转变

一、儒学的社会性格

既有研究关注的核心问题是清代考据学兴起的“原因”，其实原因可能是多元的。清初的考证儒者很可能是因不同原因而进入此潮流中，不可一概而论。换言之，诸多条件共同契合而造就了此一潮流，而各人具体因缘又各个不同。但无论清儒进入经史考证的具体原因何在，只要他们将考证视为儒学的正途，就意味着一个潜在的理论重心的转移：从“道在人心”转向“道在六经”。

如所周知，由宋到明数百年的理学传统虽屡经变化，但在认定个人内心已先天具有自足的“道”（理）这一点上，无论程、朱还是陆、王，均没有根本的差异。程、朱和陆、王两个理学系统之间固然还有“性即理”或“心即理”之别，但其所争论者大体只在如何开发人心中早已自足的“理”，对“理”

的先天自足性本身，则双方始终都是没有丝毫怀疑的。即如蒙文通所说："宋明儒者虽持论各别，然其囿于先天论则一耳。"（蒙文通，1987：159）这一点基本已属共识公论，毋庸多言。

下及清代尤其是乾嘉以降，从事考据学的儒家则提出了全新的看法。考据学的理论代言人戴震（1724-1777）的话最能言简意赅地表出其精神，其《题惠定宇先生授经图》云：

> 古经明则贤人圣人之理义明，而我心之所同然者，乃因之而明。（戴震，1980：214）

所谓"古经明则贤人圣人之理义明"，原因再简单不过，因为"圣人之道在六经"（戴震，1980：189）。但他又说"我心之所同然者，乃因之而明"，似乎仍如宋明儒一般将道的最终根据归结到了人的内心。其实不然。观其《孟子字义疏证》：

> 问：孟子云："心之所同然者，谓理也，义也，圣人先得我心之所同然耳。"是理又以心言，何也？
>
> 曰：心之所同然始谓之理，谓之义；则未至于同然，存乎其人之意见，非理也，非义也。凡一人以为然，天下万世皆曰"是不可易也"，此之谓同然。举理，以见心能区分；

举义，以见心能裁断。分之，各有其不易之则，名曰理；如斯而宜，名曰义。是故明理者，明其区分也；精义者，精其裁断也。不明，往往界于疑似而生惑；不精，往往杂于偏私而害道。求理义而智不足者也，故不可谓之理义。自非圣人，鲜能无蔽；有蔽之深，有蔽之浅者。人莫患乎蔽而自智，任其意见，执之以为理义。（戴震，1979：67–68）

这是戴震通过自问自答来解释为什么他说的“我心之所同然”并不是将“是理又以心言”。因为在他看来，必须要求其人之心具有既“明”且“精”的“区分”和“裁断”能力，才能保证其所获得的是真正的“理义”而不是个人的“意见”。而这种绝对“无蔽”的本事只有远古圣人才具备，所以紧接此文之后戴震又假问者之口说：“在孟子言‘圣人先得我心之所同然’，固未尝轻以许人，是圣人始能得理。”（戴震，1979：69）因此，“理义”之所以必为天下人“心之所同然”，其根本的保证并不是因为此“理义”本已完具于每个人的内心，而是因为此“理义”是经由其心绝对“无蔽”的圣人“区分”和“裁断”出来的。针对孟子“圣人先得我心之所同然”这句话，宋明儒的重心落在“心之所同”上，而戴震则将这层内在的保证外化出来，落在“圣人先得”上了。再看他在《古经解钩沉序》里说：

> 古圣哲往矣，其心志与天地之心协，而为斯民道义之心，是之谓道。……经之至者，道也；所以明道者，其词也；所以成词者，未有能外小学文字者也。有文字以通乎语言，由语言以通乎古圣贤之心志，譬之登坛之必循其阶，而不可躐等。（戴震，1980：191–192）

这段话的意指与前引《题惠定宇先生授经图》所言大体相同，却只说到“古圣贤之心志”，而不及“我心之所同然”，足见其真正重心之所在。

这一从“道在人心”到“道在六经”的变化，用儒家自己的话来说，就是从“尊德性”到“道问学”的转变。现代研究者通常将它作为一个纯粹的学术思想的问题来研究，站在现代学术观念的立场上，这自有充分的正当性。但对身处那个时代的传统儒家而言，他们在转变中所感受到者恐怕并非今天的“学术思想”一词所能全部概括。“内圣外王”是宋代以降儒家的基本预设，现代所谓“学术思想”大体只涉及“内圣”一边，但事实上，“外王”才是儒家最根本的目标。朱熹（1130–1200）《论语集注》云：“盖人之有生，同具此理，故圣人之于人，无不欲其入于善。”（朱熹，1983：95）明代的王栋（1509–1581）则说：“吾儒所以必主经世为功业者，亦其心体性分所当然故耳。”（王栋，1995：75下）此言完全就是前面朱熹文字的注脚。宋明儒学“内圣外王”的整体追求是基于其所秉持的儒学教义具有这样一种强烈的内在要求，已被此二语一口道尽。下及清代乾嘉考据学极盛之时，儒家虽已不见有宋明儒一般轰动一世的经世运动，但由“内圣”而“外王”的完整过程仍是“学术正确”的唯一表达。段玉裁（1735–1815）在《戴东原集序》里总结其师戴震的学术理路时说：

> 先生之治经……盖由考核以通乎性与天道，既通乎性与天道矣，而考核益精，文章益盛，用则施政利民，舍则垂世立教而无弊。（段玉裁，2008：370）

可知清代中期的儒学在理论上仍然是一个整体，最终目标是要求由“考核”以明“性与天道”（内圣），从而“施政利民”（外王）一以贯之。

对秉持这种价值理念的儒家来说，“学术思想”只是起点，“改造社会”才是终点，在此意义上，所谓的“学术思想”终归是第二义的东西。儒家在“学术思想”上的任何变动，都必将对其背后“改造社会”的问题带来重大的影响。简单地说，在整个传统时代，儒学始终是一种讲究体用兼备、由下学而上达、学以致用的打成一片的学问，只不过宋代儒家又赋予了它一整套“内圣外王”的精巧理论体系而已。所以我们可以说，尽管儒学在不同时代具有不同的面貌，但无论如何，传统儒家士人总是以变天下无道为天下有道为其最终职志。既然儒家要在这个人间世界行道，就必须时时与他们的行道对象——同处于此世的社会大众保持联系。孔子自谓“吾非斯人之徒与而谁与”（《论语·微子》），正指此而言。这种联系通过儒学义理和儒者实际的社会行动建立起来，与学术的内在逻辑和外缘环境两方面同时相关。在不同时代，这内外两方面因素是变动不居的，儒家与社会大众之间的联系也将随之变动而表现出不同的性格倾向。

此道究竟应该如何在外在世界推行开去，在古代儒家那里便给出了两种不同的程序，由此而使其社会性格同时具备了两种倾向——儒家在面对社会大众时，既有“求同”的一面，也有“存异”的一面。《孟子·公孙丑上》：

> 大舜有大焉，善与人同。舍己从人，乐取于人以为善。自耕、稼、陶、渔以至为帝，无非取于人者。取诸人以为善，是与人为善者也。故君子莫大乎与人为善。

朱熹注谓：“此章言圣贤乐善之诚，初无彼此之间。”（朱熹，1983：239）这也就是前引他《论语集注》里的“故圣人之于人，无不欲其入于善”之意。天下人人无不入于善，自然是道行天下的盛景。由孟子此言看，负责推行此道者绝不仅仅是儒家士人，因为既然“自耕、稼、陶、渔以至为帝，无非取于人者”，则“与人为善”当然就不只是“君子”的事，也是天下所有人共同的事业。又《大学》谓：“自天子以至于庶人，壹是皆以修身为本。”“修身”是《大学》修、齐、治、平的明道与行道程序里最基本的一环（之前的正心、诚意两步，实可归在修身之中）。既然“自天子以至于庶人”都应当“以修身为本”，那就意味着“自天子以至于庶人”都将是道的承当者。虽然他们在社会中所处的位置有巨大差别，但道的实践并不会因为社会位置的区别而有所不同。各色人等都可以也应当共同来明道和行道。[①]在《孟子》的其他地方，如“舜人也，我亦人也，舜为法于天下可传于后世，我由未免为乡人也，是则可忧也，忧之如何，如舜而已矣”（《离娄下》），也是儒家社会性格里“求同”倾向的体现。

“求同”的倾向体现出士人接纳普通民众的一面，与此同时，士人又具有一种针对众人的疏离倾向，强调自己的与

① 吕留良《四书讲义》卷一解《大学》此句即谓：“自天子以至于庶人，有许多等级，其职业正各不同。然所以不同者，分也，非理也，故曰分殊理一。此节语势侧重庶人边，见得庶人也只是此本，未尝有别件，庶人无治国平天下之分，然到得修身，则治国平天下之理已具，只看他明明德力量如何耳。”（吕留良，2002：376下）

"众"不同。故《孟子》又认为：

> 无恒产而有恒心者，惟士为能。若民，则无恒产，因无恒心。（《梁惠王上》）

因此士人与一般民众又是不同的：士人必须无条件地面对和承担道，而一般民众对道的责任则须以相应的物质条件为前提，否则他们并无承担道的义务。再推进一层看，孟子说一般民众"无恒产，因无恒心"，却并没有表示他们若有"恒产"即当有"恒心"。所以若体会到孟子的一层未尽之意，则一般民众与道的关系将进一步疏远，对他们而言，无论客观条件如何，都不必然负有承担道的责任。再看下面两段：

> 曾子曰："士不可以不弘毅，任重而道远。仁以为己任，不亦重乎？死而后已，不亦远乎？"（《论语·泰伯》）
>
> 王子垫问曰："士何事？"孟子曰："尚志。"（《孟子·尽心上》）

曾子和孟子的意思都很清楚，"尚志"是士人的专门绝业，所以士人只能以"仁"化天下为"己任"，而不可以别有所属。后来荀子说“君子也者，道法之总要也”（《荀子·致士》），也是专以士君子为“道法”之管辖，其他众人则无与斯事。凡此种种，皆是士人自别于众人的“存异”意识的明显体现。

儒家士人社会性格里同时具备“求同”与“存异”两种倾向，其义理上的根源可以《孟子》下面这段话来说明：

> 孟子曰：“人皆有不忍人之心。……所以谓人皆有不忍人之心者，今人乍见孺子将入于井，皆有怵惕恻隐之心。非所以内交于孺子之父母也，非所以要誉于乡党朋友也，非恶其声而然也。由是观之，无恻隐之心，非人也；无羞恶之心，非人也；无辞让之心，非人也；无是非之心，非人也。恻隐之心，仁之端也；羞恶之心，义之端也；辞让之心，礼之端也；是非之心，智之端也。人之有四端也，犹其有四体也。有是四端而自谓不能者，自贼者也；……凡有四端于我者，知皆扩而充之矣，若火之始然，泉之始达。苟能充之，足以保四海；苟不充之，不足以事父母。”（《公孙丑上》）

所谓“人皆有不忍人之心”，“人之有四端也，犹其有四体也”，此中的“人”毫无疑问是指天下每一个人而言。从这一凡人先天所同之处着眼，则士人与众人自然没有任何根本的不同，且“有是四端而自谓不能者”只是“自贼”，那就意味着人人都有扩充自己身负之善性的能力与义务。儒家“求同”的社会性格即建基于此。然而恰恰因为这一善性又是必须“扩而充之”方足堪用的，而在扩充这一点上，士人无论在主观还是客观方面，显然较之一般民众更具优势。故朱熹《集注》引“程子曰：‘人皆有是心，惟君子为能扩而充之’”（朱熹，1983：238）。如果倾向于强调这一点，那么士人社会性格里“存异”的一面就会立刻凸显出来了。

此下我要从儒学社会性格的角度，对明清之际士人文化的调整做一个大略的观察。我将努力阐明两层问题：第一，在宋明理学和清代考据学这两个阶段，儒学的社会性格出现了一个怎样的变化？第二，这个转变究竟何以会发生？推动转变的力量何在？我们都知道，从梁启超、胡适以来的清学史研究虽解说繁多，然其中有一个明显的主流，即希望从清代学术中发掘出“科学”的、“实证”的乃至“现代”的精神。[①]这种持续的努力大体来自西学东渐的压力这一客观上的动因，取得的

① 如梁启超认为“清儒所遵之途径，实为科学发达之先驱”（梁启超，2010：158）；胡适说戴震的新“理”论“最可以代表那个时代的科学精神”（胡适，1991：1031）；余英时则坦承自己“之所以特别强调18世纪的考证学在思想史上的意义”，是希望借此“诱发儒学固有的认知传统，使它能自我成长”（余英时，2000：8–9）。当代研究者的类似论述亦复不少，如周积明（周积明，2002：56–60）与张寿安（张寿安，2006：53–109）的论述，读者可以参看。

成绩自有其价值，但问题也是不容忽视的。林毓生先生说得很好，“西洋发展出来的科学传统中的‘客观’与‘事实’并不是中国传统学术思想中所谓的‘客观’与‘事实’，因为自十七世纪以来他们的科学传统中重大与原创问题的性质与提出的方式与我们的是迥然不同的”，因此“讨论的关键在于追问宋明理学中与清代学术中所谓客观，所谓理知，所谓科学，所谓知识主义，是何所指，是什么意思”（林毓生，2011：54，49）。这种正本清源、恢复语境的工作无疑是很艰巨的，其中问题众多、头绪纷繁。从儒学社会性格的角度对明清之际士人文化的观察，就是希望将明清之际的儒学转折放回“中国传统学术思想”的背景之中，为这个思想史的问题寻求一个更为一般的文化史的背景，以利于寻找那个“我们的”“传统中重大与原创问题的性质与提出的方式”。

二、理论重心的转移与儒学社会性格的转变

由明入清，从“道在人心”到“道在六经”这个转移一旦发生，儒家与社会大众之间的联系就要发生一个显著变化——士人与众人在“道”的面前变得不再平等了。王阳明（1472-1529）著名的《拔本塞源论》有云：

> 唐虞三代之世，……下至闾井田野，农工商贾之贱，莫不皆有是学，而惟以成其德行为务。何者？无有见闻之杂，记诵之烦，辞章之靡滥，功利之驰逐。而但使之孝其亲，弟其长，信其朋友，以复其心体之同然。是盖性分之所固有，而非有假于外者。则人亦孰不能之乎？（陈荣捷，2009：115-116）

言下之意，若此学须“假于外”，则固非人人之所可能矣。清代的考据学将道的根据放在六经之中，恰恰就要变成基于“见闻”“记诵”和“辞章”的典型的“假于外”的学问。在理学的世界里，士人与众人本是“同具此理”的同志，正像王栋所言：

> 大舜所以为大，谓其善与人同也。善与人同也者，与天下同为善而不独自为善也。故虽耕稼陶渔之人，凡有向上之志可接引者，皆可取者也。……以是知吾人为学而若不屑与乡里庸众共为之，终是自小。（王栋，1995：67下）

现在一旦转以经典考据为明道的首要关头，原本人人可以凭自己的心而得道的可能性将被淡化乃至否定，只有那些具备经典阅读能力的人才有优入圣域的可能。对已经建立数百年的理学传统而言，这是一个基本观念的颠覆，同时也是一个相当严重的社会后果。

大体而言，在整个宋明理学时代，儒家的社会性格倾向于“求同”的一面，不过其间仍不免稍有差异，需要略作疏解。“求同”的倾向在明代王学家的手里得到了最彻底的发挥。王阳明说得很明白：“虽凡人，而肯为学，使此心纯乎天理，则亦可为圣人。”（陈荣捷，2009：71）所以普天之下无论何人，只要能够“求其放心”，恢复个人内心先天已具的“道”，即阳明所谓的“致其良知”，即可成圣人。因而王阳明认为：“圣人之学所以至易至简，易知易从，学易能而才易成者，正以大端在复心体之同然，而知识技能，非所与论也。”（陈荣捷，2009：116）既然圣人之学是如此“至易至简”，与各种“知识技能”皆不相干，因此无论识字与否、有“知识技能”与否，士农工商各色人等皆可为此“圣学”，都有“得道”和“行道”的资格。

由于对“格物致知”的解释不同，程朱一系的理学在如何“得道”的问题上与王阳明存在相当的分歧。王阳明曾说：

> 致知云者，非若后儒所谓充广其知识之谓也，致吾心之良知焉耳。（王守仁，1936，册10：39）

“后儒”即指朱熹一派儒家，“充广其知识”正是朱熹对“格物致知”的理解，所谓“穷至事物之理，欲其极处无不到”“推极吾之知识，欲其所知无不尽”（朱熹，1983：4）。只有这样不断地扩充对万事万物的知识，积累既久之后，方才能达至“一旦豁然贯通”“而吾心之全体大用无不明”（朱熹，1983：5）的得道境界。在王阳明看来，“这样追求外在之‘理’的活动，必须限于以‘知识’为专业的‘士’，而不可能期望于‘农工商贾'。"（余英时，2006：49）因此"得道"与"成圣"的境界似乎就要成为士人的专利了。

很明显，相对于明儒而言，宋代儒家对士人"存异"的一面给予了更多的承认，强调士人在道行天下过程中的领导作用。焦循（1763–1820）说"紫阳之学所以教天下之君子，阳明之学所以教天下之小人"（焦循，1936：123），即指此而言。但这种分歧并不会影响宋儒"求同"的基本方向：所谓儒家的"求同"并不是说儒者在治学的实践过程中必须让众人也参与其中，更不是规定每一个人都要成圣成贤，而是承认每一个人都可以也应当往圣贤标定的"道"的方向上努力进步。事实上，就算是明代王学家以接引士农工商全体人民为其学术要旨，但就其治学实践来看，其首要和主要的教授对象也仍然是士人；而且即便士人自身也未必都能相信自己可以成为圣贤，否则他们就不必以立志做圣贤为接引学者的第一要义了。但即便如此，"求同"的儒学性格仍要求每一个人都要尽力提升自己，匹夫匹妇的众人也不例外。陆九渊（1139–1193）的名言"若某则不识一个字，亦须还我堂堂地做个人"（陆九渊，

1935：449），说的就是这层意思。[①]那么在儒家治学向道的规划中，众人是否将被排斥在外的关键究竟何在呢？这可以下面晚明清初两位儒者的话来说明。王栋说：

> 自古农工商贾，业虽不同，然人人皆可共学。……至秦灭学，汉兴，惟记诵古人遗经者起为经师，更相授受，于此指此学独为经生文士之业，而千古圣人与人人共明共成之学，遂泯没而不传矣。天生我师，崛起海滨，慨然独悟，直宗孔孟，直指人心，然后愚夫俗子不识一字之人，皆知自性自灵，自完自足，不假闻见，不烦口耳，而二千年不传之消息，一朝复明矣。（黄宗羲，1932：93）

清初的颜元（1635–1704）说：

> 读、讲、著、述，朱子辈一二人立法，一二人为之，天下不可以为法也，非智愚、贤不肖、男女、少壮皆

① 乾隆间钟錂《颜习斋先生言行录》记清初颜元事有云："边海若愤目病废学，懊侬不已。（颜）先生曰：'尧、舜以前圣贤固不读书，近儒阳明先生亦云"虽不识一字，亦须还某堂堂的做个人"。岂必多读书而后为学？且学乃随人随分可尽，无论贵贱贫富，老幼男女，智愚聋瞽，只随分尽道，便是学。'"（颜元，1987：690）颜元将陆九渊的话误置在王阳明名下，恰恰表明陆九渊言中之意与王学相通，即鼓励并接纳匹夫匹妇等众人为学向道。

可行者。……是之谓曲学，是之谓异端。（颜元，1987：565）

将这两段话综合起来看，可以得到两层意思：首先，他们很明确地指出，将农工商贾排斥在此学之外的关键即在“记诵古人遗经”，“读、讲、著、述”，通俗而言，即所谓读书。王阳明曾说：“我此学，途中小儿亦行得，不须读书。”[①]透露的也是这层意思。在“学”这一特殊的情景中，士、众之间最关键的区别即在于士人独占了识字读书的能力，如果必须读书才能为学，那么众人势必将失去任何为学的可能。反过来，如果为学本来是“不假闻见，不烦口耳”的，则“愚夫俗子不识一字之人”自然也可成为此学中人了。其次，在王、颜二人看来，秦汉以降包括宋儒在内，始终强调读书的重要性，使得众人没有从学的机会。尤其是颜元以“读、讲、著、述”来概括朱子之学，以至斥为“异端”。二人所言自不免都有些情见乎辞，但平心而论，的确揭出了宋儒社会性格中带有更多的“存异”的面向。

但是宋儒的“存异”只是相对于明代儒家而言，我们用王、

① 湛若水（1466–1560）《新泉问辩续录》有云：“吾元年同方西樵，王改斋过江吊丧，阳明曾亲说：‘我此学，途中小儿亦行得，不须读书。’”（王汎森，1994：344）

颜等儒家传统中人自己给出的标准来衡量即可知道，“求同”仍是宋儒社会性格的基本方向。“宋儒虽主张‘由经穷理’，但同时又以‘天下之物莫不有理’，而经为理的根源之一，只是格物中的对象之一”（徐复观，2004B：369–370）。这是因为他们认定“道”是每个人“得于天而具于心”的，如果也可以通过其他的格物途径来开发自己的“心”，自然就不是只有读经书才能在圣贤之道上讨得分晓了。所以他们可以重视读书，但读书不是唯一的甚至也不是最重要的得道之途；他们固然对士人的优越地位予以正视，但与此同时也为不能读书的众人预留了共学的资格。《近思录》卷十引《程氏遗书》谓：

> 须是就事上学。《蛊》“振民育德”，然有所知后，方能如此。何必读书，然后为学？（陈荣捷，2007：260）

《近思录》本卷朱熹自定卷目为“君子处事之方”，则此处所讲无疑是以士君子为主体，并不涉及一般民众。所谓“何必读书，然后为学”，也不是说“为学”与“读书”无关，而是强调“读书”之外还大有“学”在。但正因为是这样，“读书”当然也就不是唯一的“为学”途径，换言之，则不能“读书”未必就不能“为学”。此意程氏虽未明白表出，然固已埋伏于其言中了。其实我们关于宋儒强调读书的印象，大体是因为朱熹而来，但正如钱穆所说，朱熹“主博文，主格物穷理，主多方以求，自然要教人读书。但在理学家中，正式明白主张教人读书，却只有朱子一人”（钱穆，2002：152），“当时理学家相率以谈心性为务，既不致知穷理，更益轻视读书，目之为第二义，又相戒勿持简册，朱子独力矫其弊”（钱穆，2002：156）。所以若就宋代理学的整体来看，则读书的分量将大为减轻。事实上，朱熹本人在读书的问题上也始终处于矛盾之中。他在《上孝宗札子》里说：“为学之道，莫先于穷理。穷理之要，必在于读书。”可是他又认为“读书为学者第二事”，“学问就自家身上切要处理会方是，那读书的已是第二义”。尤其是他在《答潘叔昌》一书中说道：

> 示喻天上无不识字的神仙，此论甚中一偏之弊。然亦恐只学得识字，却不曾学得上天。即不如且学上天耳。……中年以后，气血精神能有几何，不是记故事时节。

这段话几乎是从另一方面重复了陆九渊“不识一个字，亦须还我堂堂地做个人”的意思。从“中年以后”云云可知，这种“读书为学者第二事”的看法的确是贯穿了朱熹一生的。他公开的说教里之所以较少提“读书为学者第二事”，而以教人读书为多，大体是因为“此等语不欲对诸人说，恐他不肯看文字，又不实了”（徐复观，2004A：1–54），正是上引钱穆所谓“力矫其弊”之意。

从正面表述不读书亦可为学向道的意思，在宋儒的文字里也有痕迹可寻。《近思录》引张载（1020–1077）言谓：

> 人虽有功，不及于学，心亦不宜忘。心苟不忘，则虽接人事即是实行，莫非道也。心若忘之，则终身由之，则是俗事。（陈荣捷，2007：99）

清代的江永（1681–1762）注云：“学不止读书。接人事无非道，即无非学。”（陈荣捷，2007：99）张载“不及于学”一句里的“学”显然是专指的士人读书之学，江永注以“学不止读书”是很恰当的。因此即便不能像士人那样从事读书之学的人，只要做到“心苟不忘”，也同样能在他们各自“接人事”的实践中“实行”此道。前引程氏言中隐伏的根本一念，在张载这里可谓一语道破了。以明代王阳明的一段话来与张载语做一对比，则宋儒“求同”的底蕴将更为显朗。《传习录拾遗》记王阳明语云：

> 但言学者治生上尽有工夫，则可；若以治生为首务，使学者汲汲营利，断不可也。且天下首务，孰有急于讲学耶？虽治生亦是讲学中事，但不可以之为首务，徒启

营利之心。果能于此处调停得心体无累，虽终日做买卖，不害其为圣为贤。何妨于学？学何贰于治生？（陈荣捷，2009：237）

阳明所说“治生”与“讲学”的关系，大体亦即张载语中“接人事”与“实行”的关系。在阳明的“治生”与“讲学”之间，“能于此处调停得心体无累”是将此二事处理得恰到好处的关键，但凡能做到这点，则“虽治生亦是讲学中事”了。这其实也就是张载“心苟不忘，则虽接人事即是实行”的意思，故谓“莫非道也”。至于陆九渊所说：“仁义忠信，乐善不倦，此夫妇之愚不肖，可以与知能行，圣贤所以为圣贤，亦不过充此而已。”（陆九渊，1935：189-190）这样的话与明代王学家笔下的文字几乎已没有任何分别。只不过像“虽终日做买卖，不害其为圣为贤”，这种打穿后壁的话只有明代的心学家才说得出来，尚不能期其出于宋代理学家之口。

与倾向于“求同”的宋明理学相较，清代考据学的社会性格则以“存异”为其基本倾向。前文引用过戴震《题惠定宇先生授经图》中“古经明则贤人圣人之理义明”一语，在此语之前戴震还对考据学理念下的明道程序作了一个简要的说明：

夫所谓理义，苟可以舍经而空凭胸臆，将人人凿空得之，奚有于经学之云乎哉。惟空凭胸臆之卒无当于贤人圣人之理义，然后求之古经，求之古经而遗文垂绝，今古悬隔也，然后求之故训。故训明则古经明，古经明则贤人圣人之理义明，而我心之所同然者，乃因之而明。贤人圣人之理义非它，存乎典章制度者是也。（戴震，1980：214）

按此理论，圣人之“道”（理义）蕴藏在“古经”之中，无论何人，如欲得“道”，就必须先“求之故训”，“然后求之古经”，“古经明”之后，蕴藏其中的圣人之“道”方可得明。因此考据学在求道程序上设置了一道很高的门槛，凡是没有经过长期语言文字训练而读懂古经的人，就难有明道的可能。

所以不仅不能读书的众人，即便能读书的士人也未必都顺理成章地具备明道的资格。章学诚（1738−1801）曾慨叹，主张“故训明则古经明”的戴震的确是“深通训诂，长于制数”，可是如果严格“以此概人，谓必如其所举，始许诵经，则是数端皆出专门绝业，古今寥寥不数人耳”，最后的结果“将遂古今无诵五经之人，岂不诬乎”！（章学诚，1985：337下−338上）五经且不能诵，遑论得道。说这番话时，章学诚已经为自己另外寻得了通过读书止观大略以闻道的路径，故而对考据家的理念可以不假稍贷，直斥为“诬”。但谨奉戴学为圭臬的一辈考据家却不能像他那样放得开。夏炘（1789–1871）记述他早年向考据家胡培翚（1782–1849）问学的事情说：

> （余）十九岁入泮，仅解制艺层次而已。竹邨先生长余九岁，为名秀才，……恒往来于学舍。一日，问以读《注疏》之法，答云："君空腹，五经不能尽举其词，何论九经、三传并十三经。一部《注疏》浩如烟海，从何处下手？不如从时文觅生活，计以图食饩较为易易。"（夏炘，1855，卷9：11a）

胡氏口出此言的一个现实考虑便是通经这道门坎实在太过高峻了，故谓"一部《注疏》浩如烟海，从何处下手"。可是考据学的道论已经预设道在古经之中，不能通训诂、明经书，就没有得道的可能。那么他劝告夏炘放弃研读《注疏》的想法，真无异于要让夏炘自认闻道无望了。

类似的情形放到理学的语境下则将是不一样的结果。清初的理学家李颙（1627–1705）也曾有劝告学者专心科举的事情，恰可与胡培翚事作一对比。据他说，宝鸡人李汝钦"未弱冠，即有志于斯道"。他"嘉其道念肫挚"，遂收归门墙。但事成之后有人告诉李颙："汝钦毅然自拔于俗，出幽迁乔固可喜，而汝钦之东来从学，风闻其尊人似弗悦。"李颙很清楚，这是其父"恐其子因学道而致有妨乎举业”。所以他便委婉地劝告李汝钦说：“今汝钦之尊人……万一囿于世俗之见，必欲汝钦一意举业，子之于父，惟命是从，姑归而从父命，一意制举，以悦亲心，慎毋拂亲心，以重予罪可也。”李汝钦听闻后表现出学道的坚定意愿，“以为温凊虽孝，终是小孝”，“惟有勤精进，成第一流人，庶可藉此以报答”，故谓“钦虽无似，私窃慕焉，固未敢舍此而之彼也”。但李颙仍然要求他从父愿西归一意举业，说道：

> 子固矣。孝以顺亲为大，子姑归而勉顺亲心，亲心悦斯子心安，心之安处便是道。子欲学道，道在是矣，又何他求？（李颙，1996：233）

得此教言的李汝钦便“即日束装告归”（李颙，1996：235）了。在这个例子里，李颙也是考虑到现实情况，劝告学者转而从事举业。但理学是不受“读书”二字约束的，讲究的是“心”安“理”得——“心之安处便是道”，故而李汝钦即便一意举业，也完全不妨碍他的学道，并不存在不能闻道的危险。这与考据学语境里的夏炘“从时文觅生活”的结果是全然不同的。

藉此对比我们便可以很清楚地看到，由明入清，儒家接引学者之法门出现了由广到狭的变化。刘宗周（1578－1645）所言颇能切中此变化的缘由：

> 吾辈今日为学，只完得个人耳。若于此信得及，纵目不识一字，已是开眼孔人。此等人，便可与之言学。若信不及，虽读尽天下书无益，虽与之言学，弗学也。（刘宗周，2007，册4：88）

理学中人只要“信得及”即可，考据学则恰恰要求“读尽天下书”。夏炘以学舍中诸生的身份，固以揣摩“制艺层次”为其本业，却向胡培翚“问以读《注疏》之法”，这就是向胡氏表达了他对此学的“信得及”。[①]但胡培翚仍劝告他安于八股事业，原因正在于夏炘在“读尽天下书”上火候太差。刘宗周谆谆之言专在接引人见贤思齐、努力向上，胡培翚的语重心长则不免是要人安安心心做一个世俗之人了。所有这些变化的直接原因即藏在“读书”二字之中。由此来看，儒家社会性格里的“存异”倾向

---

① 诸生以制艺为本业而不必问及其他，这是明清科举时代的常态。黄宗羲《补历代史表序》云：“先忠端公就逮时，途中谓某曰：汝近日心粗，不必看时文，且将架上《献征录》涉略可也。”（黄宗羲，1959：316）黄尊素之被逮，对黄宗羲来说事出非常，此时不免“心粗”，故不妨读《献征录》，可知平日“心细”时固当“看时文”。顾炎武《三朝纪事阙文序》谓乃祖熟稔明季党争故实，“具晓其中曲折，亦时时为臣言一二。固问，则又曰：‘汝习经生业，此非所急也。’”（顾炎武，1983：155）黄、顾二人固大贤，为诸生时亦不能免以制艺为本业之常态。夏炘身处的道咸时代承汉学极盛之余，但真能在举业之外有志古学者仍然罕见。道光间的沈登瀛即谓：“仪征阮公（元）督学浙江，以古学振兴士习，然实学每县不过数人，其余类挟秘本以图徼幸。”（沈登瀛，1994：738）是故夏炘能在举业之余主动向胡培翚“问以读《注疏》之法”，确属“信得及”的表现。

已被清儒的读书教推拓尽致了。

不过考据学虽然将不能读书的众人基本排斥在为学向道的大门之外，但这绝不能理解为清儒没有要人向善的愿望。这涉及一个重要的分别，一般所谓的“善”与儒家所求之“道”是两回事，世俗的“善人”并不等于有学之人。《论语·先进》：“子张问善人之道。子曰：‘不践迹，亦不入于室。’”朱熹注谓：“善人，质美而未学者也。”并引程颐（1033–1107）和张载言云：

> 程子曰：“践迹，如言循途守辙。善人虽不必践旧迹而自不为恶，然亦不能入圣人之室也。”张子曰：“善人欲仁而未志于学者也。欲仁，故虽不践成法，亦不蹈于恶，有诸己也。由不学，故无自而入圣人之室也。”（朱熹，1983：127–128）

“善人”与“学者”是两回事，张、程、朱三人都说得清清楚楚。即便是向众人大开从学之门的明代王学家，对这一区别仍然有明确的把握。王阳明《与戴子良》书有云：“今兹乃得其为志将从事于圣人之学，不安于善人而已也。”（王守仁，1936，册3：62）又王畿（1498–1583）《东游会语》引耿定向（1524–1596）言谓：

家君平时守些绳墨，行些好事，舍弟（耿定理）皆以为小廉曲谨，未免陪奉人情，与自己性分无有干涉。（王畿，2007：84）

耿父之所为即是标准的“善人”，耿定理却直言这“与自己性分无有干涉”。所以在王学家眼中，在世俗上做“善人”也不等于“从事于圣人之学”。同时由此两言也可感受到，宋明儒对接引“善人”走上为学向道之路怀着热切的期待。善人“不入于室”的原因是“不践迹”，反过来，一旦“践迹”，善人就可以“入于室”了。关键在于什么是“践迹”。朱熹解“践迹”以“张子及程子循途守辙之说为善”，但对这个途辙究竟何指却没有给出任何有倾向性的答案。所以他说：“或以为善人不循辙迹，则亦不能至于圣神，……未知使之以何为迹而践之耶？”（朱熹，2001：288）那么如果是一个不能识字读书的“善人”，他是否可以有“践迹”进而“入室”能力呢？宋儒在此处没有明确的意见，这是因为对他们而言，一般民众能否向学明道尚未构成一个必须面对的问题。明代的王学家就不一样了，罗汝芳（1515-1588）解《论语》此章时说：

今窃共诸君商之，吾夫子所居之室，原是什么去处？果是甚等风光？如何及门之徒与一时贤士，竟无一个可以入选？……总未跳出善人窠臼中也。今想要求跳出，则须是先过信人一关，盖善则即为圣堂，广大无边，贯通不隔，万物皆备，千载同然。中间却有一个门限，所谓善有诸己也。夫善而固有诸己，即孟子所言性善，只到此关，则人人生疑，信者万无一二。既信关难过，则美大圣神，其深宫密室，又安望能窥其邃奥而享其荣华也哉？（罗汝芳，2007：40）

要“跳出善人窠臼”就要变“不践迹”为“践迹”，这个“践迹”究竟是什么呢？罗汝芳给出了明确的答案，即对“善而固有诸己”树立起自信。如此“践迹”正是前引王栋说的“自性自灵，自完自足，不假闻见，不烦口耳”的工夫，当然“愚夫俗子不识一字之人”也是做得的。清初顾炎武（1613-1682）也给出了一个“践迹”的明确答案，则与罗汝芳的大相径庭：

服尧之服，诵尧之言，行尧之行，所谓践迹也。先王之教，若《说命》所谓“学于古训”，《康诰》所谓“绍闻衣德言”，以至于《诗》《书》六艺之文，三百三千之则，有一非践迹者乎？善人者，忠信而未学礼，笃实而未日新，虽其天资之美，亦能暗与道合，而足己不学，无自以入圣人之室矣。（顾炎武，1994：243）

如果所谓的“迹”指的是“古训”“六艺之文”“三百三千之则”等内容，那么这样的“迹”哪里是“愚夫俗子不识一字之人”所能践履得了的呢！对他们而言，“入圣人之室”将属无望，在世俗世界里争取做一个“守些绳墨，行些好事”的善人，才是属于他们分内的现实目标。

三、外缘力量的推动与儒学社会性格的转变

就学术内在的立场看，明清之际儒学社会性格的调整是儒学理论重心由“道在人心”（尊德性）向“道在六经”（道问学）转移的结果。与此同时，外缘的力量同样不可忽视。大体言之，明清之际儒学社会性格的调整得到了前后相接（并颇有交集）的两个外缘力量的推动，分别来自晚明以降商业经济的大发展和明清鼎革的桑海剧变。

（一）“惟财乎是系”：晚明以降的商业文化与士人的抵拒

士人文化中走向民众的同时又不免区别于民众的心态，本是儒家传统中的应有之义，而晚明时代商业经济的蓬勃发展则

是刺激这些传统变得活跃起来的重要因素。晚明的商业经济是一个研究已经较为成熟的领域，惟相关既有研究有一种明显的偏向，无论其主题是关于资本主义萌芽、市民阶级形成、士商互动或（前）近代的开启，都无不看重社会经济生活中“变”与“新”的一面。以此为基调来考察其时士人的动向时，自然多着眼在社会财富开启民间社会后，大量士人身预此新潮之中而展开的诸多颇具“现代性”的思想与行动。就勾勒晚明时代的“变化”而言，这些研究皆收效甚著，让我们看到了大量中国历史中前所未有的新现象。但这类不免附着（无论是有意识还是无意识）“目的论”色彩（注目于中国“现代”的渊源，尽管对所谓“现代”的理解各有不同）的研究所带来的偏向，也使我们忽略了许多看上去不太“现代”的因素。以晚明士人面对其时世风的“变”与“新”而言，其反应便很可能是完全不同的。王汎森教授即发现：“随着商业的发展与习俗之日趋侈靡，明代后期生活有很大的变化，这时士大夫中至少有两种分化，有一类人，如屠隆（1543–1605）、冯梦祯（1548–1606）等文人，是尽情地享受这个时代。但是，另外有一群人拼命想抵抗这个时代。从日谱中可以看出这些人是以近乎战斗般你死我活的态度在反省自己。”（王汎森，2004：169）正因为如此，他们当然可以预此潮流之中而自“变”自“新”，但与此同时，也肯定会有士人对此新潮表示保留甚至拒斥。这两种反应既可能体现在不同人身上，也可能在同一人身上同时出现。在晚明到清初的士人文化中，这两股相反的力量之间轻重消长的关系，恐怕还正未易言。由于既有研究整体上的“现代化”偏向，我们在参考其取得的成绩的同时，便应该更加注意当时各种维护“传统”的面相，或者士人从维护“传统”的角度所开出的“变”与“新”。将明清之际的两种文化方向综合起来考虑，无疑会使我们对其时士人文化的面貌获得更为全面的理解。

晚明的经济发展让社会各阶层都从中受益，其中得利最多者自然是商人，与此同时从晚明到清初，士人对自身和其他三民，尤其是对商人的看法出现了微妙的变化。焦竑（1540-1620）《澹园集》卷二十八《鸿胪寺序班高君子晦墓志铭》：

> 君本以积著发家，乃声色玩好、燕游之娱，一不概其心，而第用之扶危振乏，尊贤养老，间非所谓富好行其德者耶？昔子贡废著鬻财于齐鲁之间，孔子曰：“未若贫而乐，富而好礼也。”然子贡结驷连骑，卒成夫子之名，亦何必褐衣蓬户，乃为愉快乎哉？故余有回之箪瓢而愧其乐，君如赐之饶益而进于礼，余不及君明矣！岂向所谓解悟者为蹈虚，而质行者为近实耶？（焦竑，1999：414）

这是焦竑表达出他这位“颜回”（士人）实在不及高氏这位

“子贡”（商人），关键就在他只能“蹈虚”，而高氏则可以“近实”。其意借清初颜元的一件轶事可以明了：

> 赵太若居家富有，事烦劳攘，问曰：“古云‘浊富不如清贫’，何如？”先生（颜元）曰：“不然。‘广土众民，君子欲之’，圣贤之欲富贵，与凡民同。古人之言，病在一浊耳。人但恐不能善用富也。大舜富有天下，周公富有一国，富何累人？今使路旁忽遇无衣贫劳，吾但存不忍人之心耳，兄则能有不忍人之政矣，富何负人？要贵善施，不为守钱虏可乎！”（颜元，1987：639–640）

如此看来，焦竑所谓“蹈虚”，即“但存不忍人之心耳”，所谓“近实”，则“能有不忍人之政”也。[①]晚明以降，民间的“不忍人之政”渐渐多由“积著发家”的商人为之，而四民之首的士人往往无能为力。晚明清初人文集中，记载商人行“不忍人之政”，使时人或作者自己慨叹儒者不能及的例子，可谓

① 高攀龙（1562–1626）《同善会序》：“钱启新先生倡同善会于毗陵，其会岁以季举，会者人有所捐，聚而处之。……寒者得衣，饥者得食，病者得药，死者得槥。同会者人人得为善。吾邑陈子志行闻之，欣然曰：夫学岂托之空言，将见之行事，此其为行事之实乎！”（高攀龙，1876，卷9上：41b–42a）衣、食、药、槥，皆所谓“不忍人之政”，以此为“实”，可谓“实”之确诂。

指不胜屈。

例如焦竑《澹园续集》卷十《金光禄传》记商人金钰事：

> 邑有大役，辙曰："非我谁其任者。"先是黉宫圮，怆然若恫于身，捐橐庀材，为义者倡。自是庙廨渠渠，弦诵勃兴，青衿归德矣。一日，语太史张公曰："令贾人颛趋利而去义，直挈瓶之智耳，吾殆不为。"太史叹曰："濯不期江汉，期于去垢。乘不期騕褭，期于千里。如君为人，何贾非儒！"（焦竑，1999：921）

金氏口出"非我谁其任者"之言，足见其时投身公共事业几乎成了贾人义不容辞的责任。又如吴伟业（1609–1672）为经商起家的席本祯作墓志铭时感叹说："自变故以来，仁人长者坐视亲知故旧流离患苦，义相收恤，而力不副其愿，彷皇太息者，比比然矣。君则探囊以应，称心而行之，然后知天之予君独厚，而君平生所快意适志者，在此而不在彼也。"（吴伟业，1990：965）王余佑（1615–1684）的《齐文登公墓表》则说："公善楝樾生殖，有卜式、马援遗意，是以得遂其振物之举。……公气严正，不侮不畏，为人排难解纷，乡党取决，所居三十年无争讼者。更斥左道人，率不敢向之佞佛，至比包侍制，良足风也。"（王余佑，2011：291）席本祯之志"在此而不在彼"，齐应选"至比包侍制”，都是“何贾非儒”的具体例子。在这样的情形下，在民间社会建设的领域，商人的地位就要相对上升，而士人的地位就要相对下降了。或者可以说，在这一领域里，士人将面临相对边缘化的趋势。

不过这里的士人边缘化是有明确限定的。从纵向一面说，它只是相对于晚明以前的士、商关系而言，当然不可与清末四民社会解体之后的情况同日而语；就横向一面看，士、商地位的消长也主要是体现在需要“不忍人之政”的社会建设的领域，在一般的价值系统里，士的地位仍然毫无疑问在商之上。巫仁恕教授研究了晚明社会各阶层在诸多领域的消费状况后，认为“晚明士大夫这类地位群体正面临了新兴阶层——商人的挑战，尤其是经济实力较弱的下层士人，面对透过财富捐纳获得身份地位的商人阶层，所受到的威胁更大。如此社会结构的变化，将会反映在士大夫的消费文化上”（巫仁恕，2008：63）。因此，当商人或庶民以炫耀性消费或模仿士人的物质生活来展现其身份地位时，士人就不得不“尝试着在自己经济能力所及之下，发展自己特殊的消费文化，借此重新提升自己的身份地位”（巫仁恕，2008：295）。这样，士、商地位的消长将全面体现在社会日常生活的方方面面之中。作者从“消费”而非“生产”一面来观察晚明社会经济，的确每有新得。惟需要注意的是，作者的研究贯穿着一套消费文化的理论，这套理论则建基于对欧洲近代消费社会的观察之上。当我们将此理论移用来观察晚明时代的中国，确能有所见，但与此同时若不加限制，也将遮蔽或扭曲不少东西。简单地说，晚明士人“特殊的消费文化”不排除一部分的确是有意识地针对其他阶层，尤其是商人的竞争，但其中也有相当部分是士人的“历史文化”中固有的传统，与“当下”的竞争毫无关系。我们几乎可以肯定地说，即便没有其他阶层的挑战，晚明士人的生活与消费的品味仍会是“特殊”的。所以晚明士人“特殊的消费文化”中针对“当下”与源自“历史”两部分之间究竟是怎样一种关系，此问题若不能得到谨慎的评估，则其时士人的“特殊的消费文化”是自商人和庶民阶层的挑战压力而来，恐怕尚难论定。事实上，正如作者明确指出的，士人的身份地位不是来自他们的“经济力量”，而是来自“道”所赋予的“文化力量”（巫仁恕，2008：245）。在“道”仍旧笼罩现世的社会里，商人通过财富支撑的炫耀性消费来宣示自己的存在，这其实恰恰是其地位边缘的表现，因此“经济”领域内的竞争力不足是否将引起士人阶层普遍的身份危机感，是值得再思考的。

事实上，即便在社会建设的领域，所谓的士商地位的消长也只是描述一种正在发生的变化趋势。就当时的现实情况而言，士人仍然是各项社会工作的首要承担者。根据张仲礼爬梳方志的细心研究，19世纪中国地方各级士人大部分（68%）积极投身公共工程、助学、济贫等社会工作，即使另外一些（32%）被划入“对社会活动不积极”一类的士人，也只是“与那些在地方事务中发挥积极作用的人相比，这些人相对地‘不积极’”而已（张仲礼，1991：48–68，215–223）。这一结论移用到17、18世纪，当也虽不中、亦不远。唐、宋以降士人对地方社会事务的积极参与是由诸多因素造成的，其中最重要的有两个方面。其一是唐、宋以来政治上中央集权、强干弱枝的总体趋势，中央政府对地方财政的强力控制使得府、县等各级地方政府难以有足够的财力来实施任何稍大规模的公共建设，这类责任只能转由地方士人来承担；其二则是宋代以后全面性的经济增长，地方士人由此具备了承担责任的能力（杨联陞，1998：150）。不过这些推动士人承担社会责任的因素显然也将同时推动富有财力的商人起而扮演同样的角色。清朝嘉、道间的沈垚（1798–1840）著有《谢府君家传》一文，称道一个名叫谢维的人投身乡里建设的义举，文末谓：

> 兴造本有司之责，以束于例而不克坚，责不及民，而好义者往往助官徇民之意，盖任其责者不能善其事，善其事者每在非责所及之人。……此富民所以为贫民之依赖，而保富所以为《周礼》荒政之一也。（沈垚，1918，卷7：23a）

根据《谢府君家传》，谢维似乎没有任何功名，其具体职业背景也不清楚。同时在此文中，沈垚还列举了宋、金、元三朝的四个富人热心地方建设的例子。沈垚称这些人为“富民”，虽然我们无法知道他们的“富”究竟从何而来，但仍然可以肯定，商贾之“富”显然是包括在沈垚所谓的“富民”之中的。所以通过沈垚的慨叹我们完全可以体会得到，富有的商人在社会建设活动中已经占据了重要的地位。特别在明清之交的非常时期，财富多寡的意义显得尤为重大，士人的地位因此更加相形见绌。黄宗羲（1610–1695）在《汪氏三子诗序》中追溯晚明嘉靖、隆庆间景象说：“嘉、隆以下，艺林、文苑见重于时。……故一名为士，口不言钱，更无米盐俗事。”（黄宗羲，1959：377）这是承平之时士人的悠游闲适之状。“口不言钱”表明在整体上财富尚未对士人构成一个问题，“俗事”之外的文化特权足以使他们保持特殊的地位。但明清之交的乱世就不同了。黄宗羲《奠高董君墓志铭》又说：

> 江河日下，生死休戚，惟财乎是系。小人习观世变之机，而知其势之所重在于此也，于是惟货力是矜是尚。攘臂捧腹，傲睨乎通都大邑之间。（黄宗羲，1959：255）

承平之时，士人的文化优势还是“势之所重”，但“江河日下”之时，一世矜尚的标准则转为“惟财乎是系”。一方面是士人掌握的旧标准遭到强力冲击，另一方面新标准又恰恰建立在他们最无能为力的领域里。[①]对此“世变之机”，不仅商人，即便一般所谓“小人”也较士人更能适应。在这种情况下，士人的社会地位自然要相对地下降或边缘化了。

士、商力量消长的变化已然显现，士人面对这样的新情况不能不慎重地思考和安排自己的位置。清初顺、康间的刁包（1603–1669）《用六集》卷十一《惠约》说：

> 尝闻之，吾人不必待仕宦有位为职事乃为功业，但随力到处有以即物即功业矣。繇此言之，家居里处，何莫非建功立业之时，事在勉强而已矣。目今饥馑荐臻，抱鲜饱之叹、怀待哺之忧者，比比也。损有余补不足，兹其时矣。（刁包，1995：376下）

---

① 清初的冯班（1602–1671）说：“余生于万历之季，当时士大夫子弟，举业之外，不得通一技，触事面墙，往往可笑。在今日岂得尔？语云：‘家有千金，不如薄技在身。’一技足以养身也。”（冯班，2013：135）万历时士大夫子弟可以专注于读书而不必他顾，清初的士人则不可不觅他技以养身。冯氏的观感其实与黄宗羲大体相同，为了“养身”，觅技以增财货之力对明清鼎革之际的士人显得尤为重要了。

但问题在于，不少士人自身便是“不足”者，他们根本没有能力解决民间的“饥馑”而“建功立业”，特别是处在清初社会扰攘未定之际的士人，困顿之情尤显严重。[①]虽则如此，士人仍然有其发挥功用的地方。刁包接着说：

> 虽然，当三空四尽之日，廪有余粟者几何？家□（里？）有余积者几何？人如必及人而后已，又无以处夫安命之达人、固穷之君子矣。从来富者赠人以财，仁者赠人以言。……救困扶危，解纷排难，与子言，惠之以孝；与臣言，惠之以忠；与弟言，惠之以悌；与友言，惠之以信。启口定向好处说去，举手定向便处做去，无所往而不为惠也。故曰，宰相日日有可行的善事，乞丐亦日日有可行的善事，但恐眼前蹉过耳。岂必布恺流膏而后为惠也哉！（刁包，1995：377上）

“布恺流膏”之惠只有富有的商贾或上层士大夫方能办到，对一般士人这些“固穷之君子”们而言，他们“救困扶危”的方式不

① 毛奇龄（1623–1716）《敕封儒林郎玉宗徐君墓志铭》记徐氏谓：“士人居牛衣困，匪今矣，顾逮今而困尤剧。仕进无日，本无学术之可见，而仰有事、俯有鬻，关匪细也。”又《孙盐州君墓志铭》记孙氏叹曰，“仁义与礼所由生，非财莫任，固也”，怎奈“四民困极矣，士尤困”（毛奇龄，1937：1221，1234–1235）。

是直接“赠人以财”，而是“赠人以言”。这是改造《孟子》“分人以财谓之惠，教人以善谓之忠”（《滕文公上》）的老办法。这样，一方面，二者行“惠”的方式虽不同，但都是“可行的善事”，都是“不忍人之政”，具有相同的价值；另一方面，以言惠民的方式终显迂曲，在为士人争得行“不忍人之政”地位的同时，仍不免只能以“蹈虚”代“近实”，诚所谓“勉强而已矣”。晚明的罗汝芳曾自述其学思历程说：“遐想十五之年，……目睹章缝，俱是污俗；目睹黎庶，俱是冥顽。而吾侪有志之士，必须另开一个蹊径，以去息念存心，别启一个户牖，以去穷经造理。”（罗汝芳，2007：232）他说的“息念存心”与“穷经造理”无疑正是士人可以以言惠人的前提与保证，而这层前提与保证恰恰是通过“另开一个蹊径”、“别启一个户牖”的工夫才能得来的。因此，用“赠人以言”一类方式来捍卫士人的价值将让士人进一步疏离“近实”而向“蹈虚”靠近，当他们强调“蹈虚”的正当性时，就已经走入自别于大众的路头了。

晚明社会经济史的研究者在涉及士人对商业文化的抵抗时，指出士人倾向于通过在“时尚”的领域制造特别的品味壁垒以确保自己的特殊地位（柯律格，1991：116–165；卜正民，2004：251–276；巫仁恕，2008：115–288）。卜正民说得很清楚：“时尚的标准不是由那些从底层爬上来的企求者决定的，而是由那些已经达到既定水平、需要保护既得的精英地位的人们决定的。他们划出时尚与普通的界限，将大多数企图挤进上流社会的追寻者都拒之门外。”（卜正民，2004：251）“时尚”的确可以起到区隔社会身份的作用，但事实上，“时尚”的圈子基本上属于“物质”的领域，士人在此领域里并无太多优势可言。他们真要想与对手相抗衡，显然更应在对手完全无法下手的“非物质”领域里展开，这样才能守己之长攻人之短。王栋说：“孔子告子贡为仁，是说要与天下共明此学，便是仁之大者，何必博施济众然后为仁。”（王栋，1995：84下）正是体现了这种趋长避短的意识。刁包之所以选择“赠人以言”来惠民，当然是因为财力的不足，但同时也未必不是出于这样一种有意识的考虑。[①]

晚明商业的勃兴开启了民间社会，让士人找到了入仕从政之外的另一个“行道”的用武之地。这是王学可以并愿意接纳社会上各色人等共明此学的外在背景，由此也使得王学的社会性格体现出强烈的“求同”倾向。但商业和商人力量的上升也使四民，尤其是其中的士、商关系发生了变化，为了维持士尊商卑的传统格局，士人又往往会在心理和行动上强化自身与大

---

① 与此同时，商人在惠行上也颇能趋长避短而有别于士人。如王畿《赠南山黄君归休序》云：“君虽用刀布起，……暇则息缘瞑目，默坐澄心，雅好释典。尝闻法施财施之说，击节称善，曰：‘此吾志哉！’用是仗义周贫，虽倾床头阿堵，弗惜也。”（王畿，2007：372）法施与财施并为黄氏所闻，然其所从事者则唯财施耳。这当然是他自己有意识的选择。

众的区别。这就使得在“求同”的风潮之下又潜藏着“存异”的暗流。从士人的角度看，他们对晚明社会经济变革的后果可谓一迎一拒。宋应星（1587–1666）《野议·士气议》谓晚明“士气”每有“盛”“衰”两面，其中一种表现是：

> 气之盛也，布衣适体，脱粟饭宾，而清操自砺者，有人焉；其衰也，服裳不洁，厨传不丰，即醴颜发赭而以为耻矣。（宋应星，1976：13）

商业经济的勃兴掀起了“物质”追求的风潮，宋应星这句话反映了士人群体面对这种趋势时在整体上或迎或拒的选择。作为个体的士人也处在这种选择之中。刘宗周《论语学案》：

> 《易》曰：“利者义之和。”子思子曰：“仁义所以利之。”道理何尝不是，此周旋之说所自起。义利本非二途，但就中君子只见得有义，小人只看得有利。义利两途，遂若苍素之不可混。（刘宗周，2007，册1：316）

以历史的眼光看，晚明“义利”问题的热烈讨论背后涉及的就是如何看待商业发展后果的问题。刘宗周承认“义利本非二途”，这是他迎的一面；惟“君子只见得有义，小人只看得有利”，义利本身虽然不是截然对立的，但“君子”和“小人”却仍要因之而划然分别，这又是他固守传统的拒的一面。

据此可见，晚明时代士人迎、拒的两种倾向是相互交织的，在评估其中一种倾向的历史意义时，必须同时考虑到另一种相反的倾向。立足于这样一个综合的视点，将有利于控制我们对晚明士人文化的解释不至于超出儒家传统的脉络。由于四民或士商关系在一般层面上并无根本变化，晚明时代士人面对民间社会时迎、拒两种心态时时处在较量之中，双方究竟谁更占上风实未易言。王汎森教授考察了明末清初流行于士大夫圈中的修身日记后便感觉到，其中反映了一种“平民精神的萎缩”，同时预示着“儒者的学问事业与庶民百姓便形成两条不大可能交会的直线了”（王汎森，2004：140，185）。王先生的考察主要以清初颜元和李塨（1659–1733）为例，包筠雅对明末刘宗周《人谱》的研究适可为其补充。她发现：“虽然《人谱》中并没有说农民是不可能成为圣贤的，但刘宗周显然是没有兴趣讲述这样一种可能，或者鼓励这样一种结果。他似乎已经假设，圣贤只会从士大夫这一阶层中产生出来。”（包筠雅，1999：145）这些研究都表明，其时士人对“社会”拒的一面不可小视。总之，晚明时代的商业勃兴在为士人的善与人同事业提供条件的同时，又造就了士人整体上的与“众”不同的处境。这导致了一种相当吊诡的情形：儒家的社会性格一面有意识地往“求同”的方向上走了很远，另一面，“存异”的倾向也在随之不断地加剧。这场“求同”与“存异”之间的暗中竞争在清初以降才逐渐尘埃落定，明清鼎革剧变的力量在其中起到了举足轻重的作用。

（二）“抵抗流俗”：明清鼎革与遗民文化的退守基调

明清鼎革剧变就像一面放大镜，晚明士人文化中逐渐酝酿的“存异”潜流被陡然放大。清代士人文化由明遗民开其端，而以离世绝俗为高的遗民心态正是“存异”的典型表达：“‘遗民’的角色选择，原即选择孤独——无论遗世，还是为世所遗。”（赵园，1999：71）这种选择较之晚明善与人同的“求同”态度正好相反，晚明已出现的“存异”趋势由此再一次被强化。对读下面两段文字尤能得到启示。刁包《与史子敏论史书》：

> 甲申之变，记录不知凡几。……死者固宜核真，生者亦宜防伪。先生欲以近闻不仕及弃诸生诸公为获麟乎？然有形迹虽同而处心积虑殊异者，不可不辨也。从君父起见，日抱惭负天地、不可以立于世之心，而慨然以斯道自

任，为天地立心，为生民立命，为往圣继绝学，为来世开太平，此方今第一流乎；从苍生起见，饥溺而□□已之，思锐意学问、矢志经济，自天文地理人物以至出奇制胜之策、扶危定倾之略，靡不有以自命，此其次也；从时势起见，明哲而得保身之道，厌嚣就寂，去危即安，放浪于山水之间，流连于诗酒之内，视富贵利达若将浼焉，此又其次也。若夫名则不为，实则不能，偷安藏拙，窃附隐逸，吾不知矣。（刁包，1995：271）

陆世仪（1611–1672）《思辨录辑要》：

或问，士人当变革，与已出仕者不同，然读书知礼，莫不有普天率土之思，当如何而可？曰：士人未出仕，其途较宽，或出或处，诚限他不得。然亦看个人力量何如。是有三等。隐居抱道，守贞不仕，讨论著述，以惠后学，以淑万世，上也；度其才可以有为于时，度其时必能用我，进以礼，退以义，上则致君，下则泽民，功及于一时，德被于天下，次也；不事王侯，高尚其事，躬耕田野，以礼自守，又其次也。三者之外，虽进而小有补救，退而诗酒全高，亦云小矣。况阳慕高隐之名，而倡优博弈，败坏风俗；谬托有为之迹，而无耻干进，嗜利不休，

岂足以语士乎！（陆世仪，1936：91）

刁包直隶祁州人，陆世仪江苏太仓人，同时一北一南，相距千里，但两人论遗民出处高下之三类型，则可谓若合符节，惟就第三类看，似陆氏较刁氏尤为严格耳。这一结果相当能够反映清初士人文化的真实风尚所在。儒家追求的个人成就立德、立功、立言，其先后顺序历来没有变动，但时人在运用这一标准衡量时势的时候，却可以有不同的解释。马世奇（？-1644）序顾宪成（1550-1612）《泾皋藏稿》云："昔人论三不朽，曰德曰功曰言。夫《六经》者，古人立德立功之事，而立言具焉者也。"（顾宪成，1877C，卷首：1b）如此则一部《六经》，德、功、言皆立于其中矣。这很能说明三不朽一说中，德、功、言三者其实本无明确的界限与分别，因此通过立言者对德、功、言的解释，我们就可以体会到其中透露出的时代消息。

就刁、陆二人所言来看，第二流属于立功，可不待言；第一流则不易言，所谓"以斯道自任"和"隐居抱道"，自然是立德，但又离不开"为往圣继绝学"而"讨论著述"，则也未尝不可视为立言。从两人不约而同给出的第一、二流次序来看，皆暗中以从事第一流者为立德，故将立功置于其次。既有研究常常将清初学术称为"实学"，以为经世致用是当时学术风尚所在。但我们看到，刁、陆二人对遗民出处的评论是不谋而合地选择立德在立功之上来立论，却不以立功先于立言为据来倡导经济。这似乎可以表明，在清初的遗民文化中，致君泽民的经世之功终归是第二流的选择，与现实世界维持一定距离的传道论学事业方才被视为具有头等重要的价值。[①]毛奇龄《皇清予告内阁学士兼礼部侍郎雅坪陆公神道碑铭》：

> 予与学士公举制科时，学士以官取，……予以人取。……以官取者，其志在于出，夫既已官之矣，亦安往不官；而以人取者，其志恒在处，子大夫自田间来，则亦归之于田间已耳。（毛奇龄，1937：1249）

所谓“以人取者”，即陆世仪说的“士人未出仕”者。毛奇龄以为其时这类士人“其志恒在处”，与陆世仪标举的第一流风格正相印证。进一步看，第一流的传道论学者是“守贞不仕”的，而第三流人也是“厌嚣就寂”“以礼自守”的，那么清初遗民高士之三类型中，即有两类具有隐逸高蹈的风格，足见清初士人文化中，遗世绝俗的风尚较之经世致用的愿望，恐怕是有过之而无不

① 王夫之（1619–1692）也认为，东汉末年，隐士管宁的价值远在刘、孙、曹及诸葛亮等人之上，“汉末三国之天下”是赖他方得以维持。原因即在管宁是退而守道的“潜而有龙德”者（王夫之，1975：274–275）。这种议论背后明显有王夫之本人及其时代的影子。

及的。立言既被视作立德的一部分，则但凡以立德为目的之立言，地位自可在立功之上。[①]清初明遗民一面高喊经济，一面又纷纷隐逸著述的现象，或也可从此获得一层理解。

“立功”之所以被置于其次，除了遗民本身“志恒在处”的消极心态，也是出于“立功”的实际困难：遗民当然有澄清天下的强烈愿望，但所处政治环境及其遗民身份使得他们不可能经由入仕从政的传统途径来达成其愿望。但治国平天下毕竟是儒家治学的究极目的，面对亡天下的局面却无法“立功”以治平天下，儒学的正当性就要受到挑战，所以这终究是一个必须解决的棘手问题。其实正如史华慈看到的，儒学内部观点不同甚至对立的流派虽多，但“任何一方都未曾明确放弃”修、齐、治、平等目标中任何的一个，只不过对其间的关系有着各自不同的解释（史华慈，2006：47−58）。因此究竟何谓“平天下”，其关键仍然在如何“解释”。陆世仪《论语首章讲义》云：

① 对一些极端的人来说，立言甚至可以摆到立德之前。康熙十三年（1674）邹式金（1596−1677）序钱谦益（1582−1664）《牧斋有学集》云：“传称三不朽，太上立德，其次立功，其次立言。古之人三合为一，今仁义道丧，事勋希微，独有立言耳。”可见在某些清初人感受中，立德、立功都已无从谈起，唯有立言尚可行。序末云：“学者览先生之文，即当谅先生之志。纵或訾先生之人，不能不服先生之文。吾所谓不朽者，立言耳，他何知焉！”（钱谦益，2007：952，953）这是明确表示即便功、德全无，只要能立言，也自有“不朽”的价值。

> 然孔子又毕竟说个人不知而不愠，为甚么缘故？只为圣贤念头，其生平学问不止是要成自己一个虚名，须是要得位行道，参天地赞化育，才成得一个己，才成得一个学字分量。（陆世仪，2002：440下）

可是“得位行道”之途对陆氏一辈遗民而言早成断港绝潢，谈何容易。故他又转言道：

> 学为圣贤，不过一时习、朋来也，不要管人不知，也不要管工夫，只是循循勉勉，到得位天地、育万物，也不过本分内事，未尝少加；即遁世不见知，亦是本分内事，未尝少损。有何可喜，有何可愠。故学问到处处能人不知而不愠者，即其能参天地、赞化育而不矜者也。（陆世仪，2002：440下-441上）

如是则不必“要得位行道”，但凡“学问到处处能人不知而不愠”，即可成“参天地、赞化育”之功，成有体有用之儒。这仍然是援用修、齐在治、平之前，立德在立功之上的儒家固有资源。此处立定脚跟后，“志恒在处”与“得位行道”之间就不再有任何矛盾了。再观陆氏《答晋陵马伯河书》谓：“新民成物不必求之于外也，其功即在明德成己而已。……先儒有言，达则兼善天下，穷则兼善万世。”（陆世仪，2002：459上）正因为“新民成物”只需求之于“明德成己而已”，所以不论穷、达，士人皆可行“兼善”之事，且穷时是“兼善万世”，较之达时之“兼善天下”，其功尤伟且巨。这样一来，“穷”的价值隐然处于“达”之上，“志恒在处”的现实面对“得位行道”的传统时，也具有了十足的正当性。

我们必须知道，陆世仪的这番议论并不是他自己的发明，而是出自酝酿这种意识的大时势之中。这个时势需自纵向和横向两方面来看。就纵向言，晚明王学已经形成视政、学为一，经世与讲学为一的传统。如王畿《赠梅宛溪擢山东宪副序》云：“儒者之学，务于经世，然经世之术约有二端：有主于事者，有主于道者。主于事者，以有为利，必有所待，而后能寓诸庸；主于道者，以无为用，无所待而无不足。”正因为王畿有此看法，所以他在《与唐荆川》中说：“千古圣学，本于经世，与枯槁山木不同。吾人此生，不论出处闲忙，亦只有经世一件事。如吾兄今日处在兵中，金革百万，与山中饮水曲肱，万变在人，原无二事。……日应万变而常寂然，方是大镇静，方是经世之实学。”而在《与赵麟阳》则谓：“吾人此生，不论出与处，闲与忙，只有讲学一件事。”（王畿，2007：374，276，270）两相对照，可知他所说的经世非即动手动脚之谓，而是讲学即经世，“山中饮水曲肱”也可以是经世。则清初时人既作经世想，又不妨遗世绝俗而不觉矛盾，亦未尝不是承此传统而来。从横向看，则“隐逸”在明末清初的时代氛围中已经具有了自足的道德价值。黄宗羲《前乡进士董天鉴墓志铭》谓：

> 严子陵不乐仕进，非曲避以全道也。彼“俊、及、顾、厨”之党人，亦未尝憔悴江海之上。两者似不相蒙，而君子泝流穷源，以为东汉之名节始于子陵。万历之后，吴中归季思、张异度、李长蘅皆早谢公车不赴，此是自甘淡薄，亦复何关天下事，人乃目之为清流？然余观宁海陈大有，以宋咸淳乙丑进士入元，七十有四，重就乡试，摧折困踣于场屋，老死而不悔。有不当出而出者，以较可以出而不出者之为何如耶？近时之不赴公车者，于吾友中，吴有徐昭法，西浙有汪魏美、巢端明、徐兰生，东浙有万履安、颜叙伯、董天鉴。此数子者，其亦可以出而不出耶？抑不当出而不出耶？由是而言，隐逸之为名节，岂不信夫！（黄宗羲，2005，册11：48）

严子陵及万历后归、张、李三子，其归隐皆与天下事无关，然学者先河后海，言清流名节之风必溯及之。足见清初时势之中，“隐逸”本身已具有自足的道德含义，未必是迫于外缘而不得不如此。故黄宗羲出“隐逸之为名节”一语，良有以也。

再回到陆世仪“穷则兼善万世”的言论上。这个“兼善”之举应当如何具体操作呢？观其《苏学景贤录序》云：

> 天子责在天下，诸侯责在一国，卿大夫责在一官，下至庶民之属，则责在一身一家。惟士不然。进而遇则为卿相为王者师，退而不遇则著书立言以俟后圣。其所责每以千万世为量，是士之所责其重且远者若此，宜乎天之上地之下，职之大者莫士若也。（陆世仪，2002：462上）

由此可知他所谓“兼善万世”的具体方式即“著书立言以俟后圣”，与并世诸儒如顾、黄、王等几无二致。前引钱穆比较清初遗民与乾嘉儒者说：“不忘种姓，有志经世，皆确乎成其为故国之遗老，与乾嘉之学，精气敻绝焉。”赵园则以为，此说“是后人的见识，与顾、黄、王当时的状态、心事，已不大相干”（赵园，2006：32）。其实钱穆所言大致不差，只是清初诸遗老经世雄心之背后，还隐藏着一层萧索失意之态，乾嘉诸儒不言经世而退守学术一隅，其“精气”固有与前者“敻绝”的一面，但也未尝不是发端自前者的“状态、心事”之中。至于“顾、黄、王当时的状态、心事”究竟如何，与之“精气敻绝”的乾嘉时代的章学诚倒颇能将之揭出，按《文史通义·原道中》：

儒也者，贤士不遇明良之盛，不得位而大行，于是守先王之道以待后之学者，出于势之无可如何尔。人道所当为者，广矣大矣，岂当身皆无所遇，而必出于守先待后，不复涉于人世哉！……然则学夫子者，岂曰屏弃事功，预期道不行而垂其教邪？（章学诚，1961：39）

此言自然是针对清初诸儒以来的著述风气而发。毕竟章学诚自己也是一个讲究经世的人，其感觉是很敏锐的。按他的意思，则诸遗老的著书立言、守先待后不仅无从“经世”，反而还会导出“不复涉于人世”“屏弃事功”的倾向。观黄宗羲《留书·自序》云：“古之君子著述，不惟其言之，惟其行之也。……仰瞻宇宙，抱策焉往？则亦留之空言而已。……吾之言非一人之私言也，后之人苟有因吾言而行之者，又何异乎吾之自行其言乎？是故其书不可不留也。”（黄宗羲，2005，册11：1）王夫之《噩梦·序》亦谓：“吾老矣，惟此心在天壤间，谁为授此者？故曰‘噩梦’。”（王夫之，2009：141）黄宗羲“抱策焉往”的感叹表明他预感其著述多半只能“留之空言”，不过尚保有后人代其行之的希望；王夫之则较他更为悲观，“谁为授此者”一问表明他已经清楚地感觉到自己的守先待后只是一个高远的梦想，而且很可能沦为一场“噩梦”。黄、王二人之言是为他们自己而发，也未尝不是清初众多守先待后之儒的共同疑问。既然守先待后不免成了用以自慰的空话，那么著书立言自然无从收经世之功；及至埋首著述渐成风气，也自然容易走入“不复涉于人世”“屏弃事功”的路向了。鼎革之后的陈瑚（1613–1675）在《白鹿洞规讲义》中自谓：

> 当初吾辈讲学，岁有岁会，月有月会，旬有旬会，季有季会，大家考德课业，严惮切磋。读一句书就要身体力行，遇一件事就要格物穷理，步步操存省察，时时讲习讨论。那时节觉得此心与天地相通，与千圣百王相接，未免起了妄想：出则致君泽民，做掀天揭地事业；处则聚徒讲学，得天下英才而教育之，如濂洛关闽诸儒一般。不想时异势殊，两愿都不得遂，只得杜门息交，著书立言，已是十余年了……（陈瑚，1997：463上）

这段话真不啻是王夫之“噩梦”的真实展演了。

所以，清初的遗民文化无论是心理倾向还是实际的效应，都在或显或隐地疏离众人的世界。前述晚明儒学里潜滋暗长的“存异”倾向与之恰好处于同一方向，二者相互激荡，儒学的社会性格势必要在“存异”的方向上形成继增继涨之势了。“善与人同”是晚明王学有意识的追求，一般社会大众在其中具有颇为正面的价值。但到清初，社会大众的形象则出现了一种负面化的趋势，以至于众多士人都要着重强调“士”“众”的区隔甚至疏离。清初隐居的孙奇逢（1584–1675）有一种强烈的“慎独”意识，再三表示：

> 大约学道之人，须得枯槁一番，方有著脚立身之处。
>
> 大抵学问一事，只是求慊此心。此心得慊，无限悦，无限乐，然须紧紧防一“愠”字。枯寂冷淡，熬煞不过，便起怨尤，废半途、改末路者，大率坐此。
>
> 学问之事原从暗处得力，……功在不闻不见。
>
> 圣学只在诚意，诚意只在慎独。……而独体只是暗然，慎独之功亦只是于暗处下一“章”字，此才是圣学之极诣，而慎独之尽境也。（孙奇逢，2004：51，77，77–78）

上引文字分别出自孙奇逢的《寄王誉之》《寄董正谊》《复李霞表》和《答陈子石》二首。考《孙夏峰先生年谱》，孙奇逢识李霞表（尌）在顺治七年（1650）五月；又其《寄侯仲嘉》书有“过蒿城，得董正谊”云云，据《年谱》，过蒿城在顺治七年二月（汤斌、方苞，1936：37，52）。故上引《寄董正谊》《复李霞表》二书时间在入清之后无疑。他二书具体时间无考，然所言与寄董、李二书无异，则大率在同一时期。观孙奇逢的反复所言，当然是在阐释儒家的“慎独”工夫当如何着手，同时也是他“志恒在处”的遗民意识的表露，故谓必“须得枯槁一番”，熬得住“枯寂冷淡”而“紧紧防一‘愠’字”。而在他所“处”的特殊时段讲究“慎独”之功，在加强内里工夫的同时尤须同外在的“流俗”世界相对抗：

> 学者立身先辨雅俗，存心贵审欺慊。自真儒道丧，欺诈相高，慎独诚意之功，绝无过而问焉者，且不知辨雅俗为何事。认世情纷逐为不可少，厌澹穆萧寂为不足观，间有一二脱略尘网，而诋毁非笑者众矣。所谓抵挡流俗，必豪杰之士。
>
> （习气）根源总以声色货利为著落，故抵挡习俗，豪杰之士。（孙奇逢，2004：543，548）

这两段文字出自孙奇逢的“语录”，考《孙夏峰先生年谱》顺治三年（1646）：“门人高荐馨、王五修、孙备九请余录问答语，自此始。”（汤斌、方苞，1936：33）则上引诸言必顺治三年以后所录。据其言可知，练就“慎独诚意之功”的“豪杰之士”，其一大标志即“辨雅俗”，与众人所在的“流俗”世界划清界限。尤其值得注意的是，孙奇逢对“慎独”的解释，与之前王学传统里对“慎独”的理解已经大不相同。王阳明《与陆清伯书》云：“致知者，致其本然之良知而已。《大学》谓之致知格物，在《书》谓之精一，在《中庸》谓之慎独，在《孟子》谓之集义，其工夫一也。”（王守仁，1936，册10：74）可见在王阳明那里，“慎独”就是致良知。[1]此后王门后学，无论倾向于沉潜还是高明者，无不谨守此意。前者如邹守益（1491-1562），刘宗周谓“（邹）东廓以独知为良知，以戒慎谨独为致良知之功，此是师门本旨”（黄宗羲，1932，册1：6）。后者如王畿，其有言云：

> 独知之说，大略亦是。但云“一念之发，知其所不安而勉强制之，而后念又复萌”，此却是灭东生西之病，圣门慎独宗旨当不如是。夫独知者，非念动而后知也，乃是先天灵窍，不因念有，不随念迁，不与万物作对。譬之清净本地，不待洒扫而自然无尘者也。慎之云者，非是强制之谓，只是兢业保护此灵窍，还他本来清净而已。在明道所谓明觉自然，慎独即是廓然顺应之学。（王畿，2007：264）

[1] 以“致良知”即为“慎独”工夫是王阳明学中要义，故笔下反复言及。按其《咏良知四首示诸生》之四：“无声无臭独知时，此是乾坤万有基。抛却自家无尽藏，沿门持钵效贫儿。”所谓“无声无臭独知时”，即“慎独”也，正归结在“自家无尽藏”中，亦即良知中。其《答人问良知二首》之一“良知却是独知时”云云，言之尤明。所以若要王阳明来论述“慎独”之意，则正如其《咏良知四首示诸生》之一云——“只是良知更莫疑”。（王守仁，1936，册8：128，129）

这段话阐发王学“慎独”之意甚明，可以拿来和孙奇逢之言相互对照。王畿说“慎独”的意思即“廓然顺应”此心的“灵窍”，不须强求，其实就是所谓致良知。这是王学家讲究的根本工夫。《孟子》说：“舜明于庶物，察于人伦。由仁义行，非行仁义也。”（《离娄下》）这也是王学家常提的话头，以此来提示其修炼工夫的精神所在。王畿所谓的“慎独”，亦即“由仁义行，非行仁义也”。简单地说，即指人人应当按照其内心“先天灵窍”的指示而动，不需要根据后天习得的意识来强制自己的所思所行符合所谓的仁义，否则就将涉于虚伪了。这样的“慎独”工夫自然是人人都有机会做的。反观孙奇逢的话，他强调的“慎独之尽境”却“只是于暗处下一‘章’字”，以“紧紧防一‘愠’字”为宗旨而收“此心得慊”之效。这是用的《中庸》的话：“君子之道，暗然而日章。”所谓“暗处”即“不闻不见”之处，既然“不闻不见”，则必定是“枯寂冷淡”，故“须得枯槁一番”，其实大体即孔子“人不知而不愠”之教，强调自得而不徇人。那么在这个过程中，最紧要的工夫自然就是“抵挡流俗”。可是这种“抵挡流俗”的工夫恰恰就是王畿批评的“知其所不安而勉强制之”。在这一点上，孙奇逢已经走到王学传统的反面去了。作为修养甚高的王学中人，孙奇逢不可能不知道此学讲究的是“由仁义行，非行仁义也”。他之所以反其道而行之，与鼎革之际的混乱和失节的强烈忧惧相关，使他必须时时着意与外在的流俗世界划清界限。在这种学术心态下，原本众人也可做的“慎独”工夫，反而变成排斥众人的手段了。

与孙奇逢相似，他的高足王余佑更将此“革俗”之意态视作“明理尤急”的“入手关头”：

> 读书莫先于明理，……明理尤急于革俗。世人纷华靡丽，渍染已久，若欲挺身入道，多为所牵，须力去俗情，方存道骨。……此圣贤入手关头也。（王余佑，2011：185−186）

“百姓日用即道”本是晚明王学的核心观念之一，即便也不断有儒者争辩说，百姓只是日在“道”中却并不知“道”，求“道”之士在百姓日用之外尚大有工夫，若仅以愚夫愚妇知能言“道”，则难免坠入误以“道”之作用为“道”之本体的歧途。[①]但远未发展到像孙、王师徒这样将百姓日用的“世情”“俗情”直接置于“学人”之对立面的程度。

将这种对立推拓到极致的是王夫之。《孟子·离娄下》：“孟子曰：人之所以异于禽兽者几希，庶民去之，君子存

---

① 例如黄宗羲《明儒学案》卷十九记刘邦采对王畿的回答：“龙溪（王畿）问见在良知与圣人异同。先生曰：‘不同。赤子之心，孩提之知也，愚夫愚妇之知能，如顽矿未经锻炼，不可名金，其视无声无臭自然之明觉，何啻千里。是何也？为其纯阴无真阳也。复真阳者，更须开天辟地，鼎力乾坤，乃能得之。以见在良知为主，决无入道之期矣。’”（黄宗羲，1932，册4：43）

之。”王夫之《俟解》据之谓：

> 人之所以异于禽兽者，君子存之，则小人去之矣。不言“小人”而言“庶民”，害不在小人而在庶民也。小人之为禽兽，人得而诛之。庶民之为禽兽，不但不可胜诛，且无能知其为恶者；不但不知其为恶，且乐得而称之，相与崇尚而不敢逾越。……庶民者，流俗也。流俗者，禽兽也。……壁立万仞，止争一线，可弗惧哉！（王夫之，2009：80-81）

这个“害不在小人而在庶民”的言论含有两方面的意味，其一当然是体现出他对庶民流俗的极端抗拒，“君子”与“庶民”两个世界之间几无任何调和的余地；其二则表明“庶民”和“流俗”的形象在此前其实颇为正面，故王夫之不得不借由“小人”的对比而辗转为言。王夫之对各种世俗价值也极尽攻击之能事，特别是他斥责庶民日用伦常的话：“以明伦言之，虎狼之父子，蜂蚁之君臣，庶民亦知之，亦能之，乃以朴实二字覆盖之，欲爱则爱，欲敬则敬，不勉强于所不知不能，谓之率真。……庶民之所以为庶民者此也，此之谓禽兽。”（王夫之，2009：81）庶民“欲爱则爱，欲敬则敬”，这正是晚明王学家说的“愚夫愚妇日用而不知”，所谓的“道”正在其中，李贽（1527-1602）等人更把这种“庶民亦知之，亦能之”的日用常行当作入道的方便法门。[①]现在王夫之竟转而认此为“不知不能”的“禽兽”之行了。明清鼎革前后儒家面对世俗世界态度的转变，在此尤能体会。[②]

明季士人“存异”的倾向经由清初遗世绝俗的遗民文化的激荡而大大增强之后，儒者的学术观念与实践也随之改变。读书识字与求道的关联在清初明显变得紧密起来。陆世仪《思辨录辑要》卷一有“或问不识字人，亦可与言大学之道否”云云，卷三又有“长源兄问：格致之义，必以读书穷理为主，则愚夫愚妇不能读书者，此道遂不可臻耶？”足见其时已经有不少人认同求道必自读书识字始，故之前王学传统里的基本信条至此即成了一个问题。陆世仪对长源兄的回答也值得留意：“格致之义，原为十五入大学者训也，故以读书穷理为主。况读书二字或不能概之愚夫愚妇，若夫此心此理，虽愚夫愚妇，亦无不同，穷理二字何不可训。”（陆世仪，1936：7，38）细玩其意，陆氏并未否认“格致之义，必以读书穷理为主”，惟以为此“原为十五入大学者训”，即为学者训之。这无异于承认学者之格致工夫固当以读书为主，则愚夫愚妇虽仍有穷理之

① 参看本书下篇对李贽《焚书》卷一《答邓明府》的解读。

② 明清之际士人这种“雠民”心态的形成自有复杂的历史背景，其中一个显著的原因即如赵园所说：“正是在明亡之际，士人议论中常不免于抽象的‘民’，顿时变得具体。明末蜂起的‘民变’、‘奴变’，鼎革中民情的顺逆、人心的向背，无疑给了士夫前所未有其深刻痛切的教训。”（赵园，1999：66）

可能，但毕竟与学者殊途了。

在学术实践上，王余佑所从事的王学已经同此前的王学大异其趣。王余佑曾建议前来问学的颜元说："要尤在破格读书，读书为格物之大端，须自古今人物涉历而下，固不止宋代诸贤也。"又对闫公度说："为学之道，主于格物，物理明则言之当，自然高迈。所贵日日读，方可日日作，作而不读，未免滑浅。"这纯为一种读书教，与"不假闻见"的王学精神大相径庭。所以在《示佩韦》中王余佑便干脆地说出："盖学问从闻见入，闻见多则识自广、气自壮，理道可以渐悟。"（王余佑，2011：234，265，184）王氏《五公山人集》中"杂著"两卷，皆泛览群书之笔记，良有以也。这样一来，"愚夫俗子不识一字之人"可以"共学"自然成了不可思议的事情。孙奇逢和王余佑师徒是晚明王学一脉的传人，其他且不论，就针对一般大众的社会性格而言，他们同此前的王学前辈已经分道扬镳了。推动他们走入"存异"方向的动力当然是多元的，但在明清鼎革特殊时势之下感受到的"抵挡流俗"的强烈要求，显然是一个直接的动因。[①]

① 赵园已经指出："（清初）一时论者看似极端化的'精英意识'，似可视为对一个长时期宗教入世转向、道学平等论、士夫世俗化、'平民化'潮流的反拨。"其相关论述中列举了不少反映其时士人"精英意识"的例证。（赵园，1999：137–145）

四、余议：“求同”与“存异”的确解

早在战国时代，孟子总结他之前的诸位“圣人”的性格说：“伯夷，圣之清者也；伊尹，圣之任者也；柳下惠，圣之和者也。”（《孟子·万章下》）所以各位“圣人”的性格是不同的，具体而言：

伯夷目不视恶色，耳不听恶声，非其君不事，非其民不使，治则进，乱则退，横政之所出，横民之所止，不忍居也。思与乡人处，如以朝衣朝冠坐于涂炭也。当纣之时，居北海之滨，以待天下之清也。故闻伯夷之风者，顽夫廉，懦夫有立志。

伊尹曰：“何事非君？何使非民？”治亦进，乱亦进。曰：“天之生斯民也，使先知觉后知，使先觉觉后

觉。予，天民之先觉者也。予将以此道觉此民也。”思天下之民，匹夫匹妇有不被尧、舜之泽者，若己推而内之沟中，其自任以天下之重也。

柳下惠不羞污君，不辞小官，进不隐贤，必以其道，遗佚而不怨，厄穷而不悯。与乡人处，由由然不忍去也。“尔为尔，我为我，虽袒裼裸裎于我侧，尔焉能污我哉！”故闻柳下惠之风者，鄙夫宽，薄夫敦。

三位“圣人”的性格其实即象征了儒家传统里的三个特点。伊尹的“自任以天下之重”代表儒家始终以改造社会为其职志的经世取向。但在面向社会、改造社会时则不免要分为两种不同的态度：伯夷“思与乡人处，如以朝衣朝冠坐于涂炭”，与一般大众维持着距离；柳下惠则“与乡人处，由由然不忍去也”，颇有与众人打成一片之势。到孔子，孟子则指出：“孔子，圣之时者也。孔子之谓集大成。”也就是说，孔子将之前“圣人”的不同性格都综合于一身了。因此在孔子身上，伯夷和柳下惠分别象征的针对社会大众的“存异”或“求同”的倾向是同时存在的，至于哪种倾向得以表现出来，则取决于“时”。因此后世儒家社会性格中“求同”与“存异”的两个方向早已在此时埋伏于其传统之中了。

有若又曾称赞他的老师孔子说：“圣人之于民，亦类也。出于其类，拔乎其萃。自生民以来，未有盛于孔子也。”（《孟子·公孙丑上》）在有若看来，孔子和一般的人虽然属于同类，但他远远超出了他那一类、大大高出了他那一群。所谓“出于其类”，儒家“求同”信念的根据即在于此；惟其又“拔乎其萃”，则圣人与生民之间仍不能不留有一个“存异”的空间。因而“求同”与“存异”两种倾向是相互重叠的，并不是非此即彼的关系，但在态度上仍难免有轻重之别。本书所述明清之际儒家社会性格的转变，大抵即是在此程度上而言。同时本书以“存异”概括清代考据家的社会性格，也绝无他们视圣人与生民已非属同“类”之意，只不过相较于宋明理学家，他们更倾向强调“拔乎其萃”一边罢了。为免误会，最后以戴震为例对此稍作说明。

唐代以降，孟子的地位得到极大提升，人性本善大致成为儒家“学术正确”的唯一表达。“圣人与我同类”（《孟子·告子上》）之说以及天下人人皆应见贤思齐的“求同”态度也几乎是表述上必须的选择。宋明理学时代自不必论，即便清朝乾嘉时代的考据家也不例外。戴震《孟子字义疏证》即云：

> 荀子非不知人之可以为圣人也，其言性恶也。……盖荀子之见，归重于学，而不知性之全体。其言出于尊圣人，出于重学崇礼义。……而于礼义与性，卒视若阂隔不

> 可通，以圣人异于常人，以礼义出于圣人之心，常人学然后能明礼义……礼义虽人皆可以知，可以能，圣人虽人之可积而致，然必由于学。
>
> 荀子知礼义为圣人之教，而不知礼义亦出于性。……（孟子）明礼义之为性，举仁义礼智以言性者，以为亦出于性之自然，人皆弗学而能，学以扩而充之耳。荀子之重学也，无于内而取于外；孟子之重学也，有于内而资于外。……荀子举其小而遗其大也，孟子明其大而非舍其小也。（戴震，1979：145-147）

戴震这里崇孟抑荀的态度是很明显的。孟子之所以“有于内而资于外”，荀子则“无于内而取于外”，关键即在孟子视人性皆善（“明礼义之为性”）而荀子以人性皆恶（“不知礼义亦出于性”）。孟子的性善论本身以及戴震对此论的诠释皆有颇多曲折（钱穆，1997：337-418），此处不能也不必详及。但是我们需要知道，自戴震的时代以来，已经有众多学者不断地指出，戴震虽时时以孟子为其论学之根据，事实上其学说的真实内涵乃全在荀子一边。戴震的同学程瑶田（1725-1814）《论学小记》即谓：

> 今之言学者，动曰去私、去蔽。余以为道问学，其第一义不在去私，致知之第一义亦非去蔽。盖本不知者，

非有物以蔽之；本未行者，非必有所私也。……崇德，明明德之事也，道问学以尊德性，所以明明德也。修慝，去蔽、去私之谓也。……问学之事，崇德一大端，大之大者也；修慝亦一大端，所以辅其崇德，大之次者也。今之言学者但知修慝为大端，认修慝为即以崇德，其根由于不知性善之精义，遂以未治之身为丛尤集愆之身，虽亦颇疑于性善，及其著于录也，不能不与荀子《性恶篇》相为表里。此说之所以不能无歧也。（程瑶田，2008，册1：31–32）

所谓“今之言学者，动曰去私、去蔽”，即指戴震言。“私”与“蔽”是戴震论学的一个中心问题，笔下反复言及。如“余谓学之患二：曰私，曰蔽”（戴震，1980：213），又说“人之患，有私有蔽：私出于情欲，蔽出于心知”，乃至“天下古今之人，其大患，私与蔽二端而已。私生于欲之失，蔽生于知之失”（戴震，1979：205，83）。所以学者最紧要的工夫就是“去私”“去蔽”。程瑶田则说，如果真认人性本善，自然首当扩充人性中本有的善端（“崇德”），而不是着意于去除那后天感染的“私”与“蔽”（“修慝”）；戴震反以“去私”“去蔽”为首务，其实就已经暗中接受了荀子的人性本恶说（“以未治之身为丛尤集愆之身”），故虽处处以孟子、性善为口实，实则不免陷入自相矛盾（“不能无歧”）之中了。程瑶田之所以能如此说，是因为他完全接受“万物备于吾之身，物则即具于吾之心，而以为吾之性”（程瑶田，2008，册1：33）的观念，这也是孟子性善说的基石。然而戴震论学最反对的就是“以理为如有物焉，得于天而具于心”（戴震，1979：70），所以他虽强调人之“有于内”，推孟子仁义礼智“出于性之自然，人皆弗学而能，学以扩而充之”为正论，但其下手工夫其实全在荀子“取于外”一边，所重者是荀子之“学”，而非孟子的“扩而充之”。有鉴于此，故钱穆略谓：“（戴震）虽依孟子道性善，而其言时近荀卿。荀主性恶，极重后天人为，……即东原所谓‘解蔽莫如学’者，‘解蔽’一语，亦出荀书，则东原之有会于荀卿者至深矣。……东原之所指为性者，实与荀卿为近，惟东原以孟子性善之意移而为说耳。”又引章太炎之言：“极震所议，与孙卿若合符，以孙卿言性恶，与震意怫，故解而赴《原善》。”（钱穆，1997：393-399，395）戴震之所以要“以孟子性善之意移而为说”，自然是人性本善这一“理论正确”所决定的，否则他大可以写一部《荀子字义疏证》，而不必缘饰孟子，徒然使己说陷入“不能无歧”的境地了。

戴震尝谓：

（荀子曰）“涂之人可以为禹则然，涂之人能为禹，未必然也；虽不能为禹，无害可以为禹。”此于性善之说不惟不相悖，而且若相发明。终断之曰：“足可以遍行天下，然而未尝有能遍行天下者也。”“能不能之与可不可，其不同远矣。”（戴震，1979：145）

这段话方才透露了他的真意所在。他疏证的虽然是《孟子》，仍坚持“涂之人可以为禹”的原则，真正的结果却恰恰是在申述荀子“涂之人能为禹，未必然也”之意。他虽然批评“荀子之见，归重于学，而不知性之全体。……（以）圣人虽人之可积而致，然必由于学”，事实上他自己已经用“归重于学”将“性之全体”架空了，进而言之，真正有意义的不是“可”，而是“积”与“学”。用他自己的话来说，即“德性资于学问，进而圣智”，而他所谓的“学问”是特有所指的，即其《与方希原书》中的名言：“古今学问之途，其大致有三：或事于理义，或事于制数，或事于文章。”（戴震，1980：189）这种所谓“学”当然要变成前引王栋所说的“独为经生文士之业”，而不可能期其成为农工商贾“人人共明共成之学”，正所谓“能不能之与可不可，其不同远矣”。换言之，考据家戴震在理论上虽不能放弃“求同”的原则，但其学说在实际效应上已经指向“存异”的方向了。

考据学毫无疑问是清代儒学的主流。在以往的研究中，清代考据家埋首故纸、不问世事的姿态通常被解释为政治压力的结果。这一解释自有坚实的证据，其有效性是无可怀疑的。但是如果把考据家的不问世事理解为始终与一般大众的世界保持一种距离的话，那么他们表现出的也许就不全是因为政治压力的“被动”姿态，而更是一种“主动”选择。我们以儒学的社会性格为视角就看到，早在清初（甚至明末）所谓的政治压力尚不显著的时候，儒家士人就已经发展出疏离于社会大众的姿态了。这种选择不能说与政治因素全无关系，但毕竟关系较浅。按照本书的观察，它主要是明清之际儒学内在逻辑与外缘环境互动的过程中，儒家社会性格逐步转变的结果。换句话说，明清之际的儒者在面对外在社会特别是一般大众的时候，其主要的价值取向发生了变化，从主动地“求同”调整为有意识地“存异”。

以上的观察还提示我们，清代考据学氛围里的儒者在整体上选择“存异”的取向本是儒学社会性格里的固有之义。我们常常认为考据家已经扮演了一种类似于现代学者的“专业化”角色，站在现代诠释的立场，这种看法不无道理。但如果回到考据家自身所在的传统里，他们的“存异”选择就需要获得新的理解。尤其应该注意的是，儒学始终是面向社会的，其社会性格的倾向则显示了它在某一时代面向社会时的基本取向。如余英时教授所说，“一个社会在某一时代的思想取向基本上支配着它的成员的整体行动”（余英时，2004：43）。如果清代考据家的“存异”取向本是儒学传统里的可有之境，那么我们就不能将这种“存异”的选择简单地理解为不问世事，只不过他们在世事方面的“整体行动”受到其“思想取向”的支配，表现得与之前选择“求同”取向的宋、明儒有所不同而已。那么，在社会性格上表现为与一般大众保持距离的清代考据家，他们究竟是如何在疏离于一般大众的取向之下继续践履面向社会、改造社会的儒家理念的呢？所谓的“考据学”在这样一种特殊的“思想取向—整体行动”的配合里的意义究竟应当如何理解呢？这里大概就反映着林毓生先生所说的我们自身“传统中重大与原创问题的性质与提出方式”，值得我们认真思考。

下篇

"自治"与"治人"：清代考据学与儒家社会建设的新路径

一、“自治”与“治人”

本书的上篇大致从思想史的角度说明了明清之际儒学社会性格的转变及其主要的动因，同时也让我们不得不面对这样一个问题：清代儒学的社会性格在基本倾向上表现为与一般社会大众保持距离，那么清代考据家如何能够在疏离于一般大众的取向之下继续践履面向社会、改造社会的儒家理念呢？在下篇里，我即打算对此问题作一个初步的解答。

前面说过，既然儒家要在这个人间世界行道，就必须时时与他们的行道对象——同处于此世的社会大众保持联系。所以如何看待一般大众，如何确立儒者自身与一般大众——士、众——之间的关系，这不仅形塑了儒学社会性格的基本倾向，同时也决定着某一时代的儒家进行社会建设时将采取怎样的方式。

所谓的大众一直都存在，而且始终是儒家士人行道教化的对象，但大众对宋代以降的儒家方才构成一个特别重大的问题。从总体上说，先秦时代封建社会的一个显著特点即世袭贵族与平民的截然分别，秦汉以后虽然封建制度解体，但自东汉开始，垄断政治、经济以及学术资源的新的世家大族又逐渐形成，至魏晋而成为门阀士族。“九品中正制”护持士族门第的势力于不坠，维持了一个与先秦相类似的上、下悬隔的局面。直到唐末宋初，因强干弱枝、科举制度常态化等多种因素的共同作用，世家大族以及产生世家大族的形势方才完全打破。中国从此进入“士农工商”平流并进的所谓“四民”社会（吴天墀，2016：1-25）。处于领导地位的士人不再出自血缘的世袭，而是来自包括农工商在内的人民大众本身。士人与众人纵然仍会形成上、下之别，但这种区别已非如此前悬绝几无交集，而是始终保持着千丝万缕的联系。士人必须积极、严肃地关注社会大众的问题，因为从根本上说，这就是在关注他们自己的问题。这种形势事实上也意味着众人的地位相对于士人获得了明显的提升。所以可以说，对宋代以降的儒家而言，确认士人与众人两个世界之间的关系是其从事“内圣外王”事业的一个基本前提。

在文化或文化史的研究中，通常有“精英文化”和“大众文化”（或“大传统”和“小传统”）的区分。一般地说，前者指某一社会里（文化上）处于统治地位的精英阶层的文化，后者则包括除此之外的其他阶层的文化。彼得·伯克通过对欧洲近代早期大众文化的考察修正了这一区分模式。他说，“近代早期的欧洲存在着两种文化传统，但它们并不是对称性地对应于精英与平民这两个主要的社会群体。精英参与了小传统，但平民却没有参与大传统”。所以“近代早期欧洲文化的关键差别是大多数人与少数人之间的差别。对前者而言，大众文化是唯一的文化，而对后者而言，他们可以进入大传统，但把小传统当作第二种文化来参与。他们是两栖性的、双重文化的，也是双语的”（彼得·伯克，2005：34）。也就是说，精英享有将平民排斥在外的“精英文化”，同时他们也参与平民的文化，因此严格地讲，所谓的“大众文化”其实是精英与平民共同参与的文化。宋代以降的中国也存在类似的“两种文化传统”——精英的“士人文化”与士人、众人共有的“大众文化”。吕坤（1536–1618）《呻吟语》卷二：

> 君子之为善也，以为理所当为，非要福，非干禄；其不为不善也，以为理所不当为，非惧祸，非远罪。至于垂世教则谆谆以祸福刑赏为言，此天地圣王劝惩之大权，君子不敢不奉若而与众共守也。（吕坤，2008：690）

君子“为善”与“不为不善”的动机纯属“士人文化”里的关

怀，“祸福刑赏”等“与众共守”的信条则显然是“大众文化”的内容。吕坤的话完全可以证实伯克所说的“两种文化传统”在中国的历史情境里同样存在。就整体上说，宋代以来的儒家士人都生活在这种“双重文化”中。

生活在双重文化里的士人随时随地都要面临“士人文化”和“大众文化”两个世界之间的问题，简单地说，也就是应当如何以“士人文化”自治、以“大众文化”治人的问题。针对这个问题儒家传统中有一个一贯的原则。董仲舒《春秋繁露·仁义法》一篇将此原则阐述得最为清楚：

> 所以治人与我者，仁与义也。以仁安人，以义正我。……仁之法在爱人，不在爱我；义之法在正我，不在正人。……是故内治反理以正身，据礼以劝福；外治推恩以广施，宽制以容众。孔子谓冉子曰，治民者先富之而后加教；语樊迟曰，治身者先难而后获。以此之谓治身之与治民，所先后者不同焉矣。《诗》曰，饮之食之，教之诲之。先饮食而后教诲，谓治人也。又曰，坎坎伐辐，彼君子兮，不素餐兮。先其事，后其食，谓治身也。……求诸己谓之厚，求诸人谓之薄；自责以备谓之明，责人以备谓之惑。是故以自治之节治人，是居上不宽也；以治人之度自治，是为礼不敬也。（苏舆，1992：249–256）

士人要无条件地明道自治，以“士人文化”的标准来严格要求自己，但在行道治天下时则必须考虑到接受者一方的具体情况，不可以同等的要求施于被治者，而应设身处地于“大众文化”之中，通过各种斟酌损益的方式来达至情理并适的结果。孔子说：“士志于道，而耻恶衣恶食者，未足与议也。”（《论语·里仁》）士人必须唯道是守，不考虑外在条件。而对一般人民则须先富后教：

> 子适卫，冉有仆。子曰：“庶矣哉！”冉有曰：“既庶矣，又何加焉？”曰：“富之。”曰：“既富矣，又何加焉？”曰：“教之。”（《论语·子路》）

所以在理想秩序的建立过程中，士人与民众需要遵循不同的程序。孔子的这些话是上引董仲舒之言的源头活水，他的“躬自厚而薄责于人”之教，则是这一“自治—治人”原则最精练的表达。

“士人文化”和“大众文化”在不同时代当然会有变化，自治与治人的具体内容也会随之而呈现差异，但无论如何，将“自治”与“治人”区别对待的精神原则是一以贯之的。徐复观在讨论儒家政治思想时曾说：

（儒家）修己的、学术上的标准，总是将自然生命不断地向德性上提，决不在自然生命上立足，决不在自然生命的要求上安设人生的价值。治人的、政治上的标准，当然还是承认德性的标准，但这只是居于第二的地位，而必以人民的自然生命的要求居于第一的地位。治人的、政治上的价值，首先是安设在人民的自然生命的要求之上，其他价值必附丽于此一价值而始有其价值。（徐复观，2004B：266）

徐先生这段文字是用现代语言来转述儒家“自治—治人”的基本原则，可谓言简意赅，极能得儒家传统之精神。儒家士人的自治与治人其实大体也就是其“内圣外王”的事业。从事这番事业注定要横跨“士人文化”与“大众文化”两个世界，两种文化的价值在本原上虽同趋一致，但在内容上毕竟颇有轻重先后之别。坚持自治与治人相区别自然是儒家在实际行动过程中逐渐积累的经验，行之久远以后，则化为儒学义理的内在要求。在理想的层面，先秦以降的儒家莫不以此为其“内圣外王”的行动原则，但在实际落实的时候，却往往未必能执此原则之中，而难免出现畸轻畸重的偏向。这是因为“士人文化”与“大众文化”之间分量的对比在不同时期是有变化的。就宋代以降而言，这个分量对比的变化主要因明代中叶以后大众文化的兴起而来。劳幹说：“从明代中叶以来，中国社会已成为一个以中国固有的道德传统和道教及佛教并容的社会，也可以说这就是一种‘中国教’。”（劳幹，2006：271）劳先生所说的“中国教”其实就是士人与众人共有的“大众文化”。“大众文化”的勃兴是一件划时代的大事，明中叶前后的民间社会因此而呈现出很大的差别，儒家面对、参与各自时代“大众文化”的态度也迥然不同了。本书此下先以儒家的“自治—治人”原则为线索，观察它在宋明理学和清代考据学两种儒学传统里的落实情况，然后再分析其中提示的清代思想史的问题。

二、宋、明理学里“自治—治人”的偏向

在程朱理学中，儒家自治与治人相区别的原则获得了一个一般层次上的理论说明，称为“理一分殊”。程颐在回答杨时（1053−1135）对张载《西铭》的质疑时最早提出了“理一分殊”的概念。杨时认为《西铭》讲的“民胞物与”之旨与墨家的兼爱论无别，程颐则说：

> 《西铭》明理一分殊，墨氏则二本而无分。分殊之蔽私胜而失仁，无分之罪兼爱而无义。分立而推理一以止私胜之利，仁之方也；无别而述兼爱至于无父之极，义之贼也。子比而同之，过矣。

这是说，《西铭》之旨是孟子以来儒家的正道，“老吾老以及人

之老，幼吾幼以及人之幼”，所根据的理是同一的，即所谓“理一”；惟“吾老”与“人之老”，“吾幼”与“人之幼”毕竟又有亲疏远近的分位之异，因而在具体程序及内容上也自当有不同，即所谓“分殊”。墨家拒绝区别自己的亲人和他人的亲人，是没有“分殊”，同时其所谓“爱无差等，施由亲始”也自相矛盾、不能相容，故也失却“理一”。“理一分殊”在程颐这里尚为一个有具体针对的说法，到朱熹手上则发展成一般性的概念。如刘述先教授所说：“依照朱子的说法，通天下只是一理，化生而为万殊。就分殊来说，也可以说一物有一物之理，所谓人人一太极，物物一太极，表现虽千变万化，终极来说，仍然是同一理的表现。”（刘述先，2010：173–174）

这个一般性的规定落实到“内圣外王”的实践领域中，就表现为修、齐、治、平诸环节之间既“理一”又“分殊”的关系。朱熹《四书或问》记他与弟子的对话说：

（问）曰：自身而家，自家而天下，均为推己及人之事，而传之所以释之者，一事自为一说，若有不能相通焉者，何也？曰：此以势之远迩，事之先后，而所施有不同耳，实非有异事也。……其本末实一物，首尾实一身矣，何名为异说哉！（朱熹，2001：37）

因远迩先后“而所施有不同”，这就是“分殊”，然“实非有异事”，因为“其本末实一物，首尾实一身”，这又是“理一”。明清之际的王夫之对此说得尤其清楚：“且《大学》之教，理一分殊。本理之一，则众善同原于明德，故曰‘明德为本’。因分之殊，则身自有其身事，家自有其家范，国自有其国政，天下自有其天下之经。”（王夫之，1975B：48）不仅程、朱一路奉此义法，陆、王一边也遵之勿替。与王夫之同时的黄宗羲提出“一本万殊”之说，虽具体内容与朱熹颇不相同，然基本思路仍属一贯。（刘述先，2010：175；李明友，1994：6–11）修、齐大体属自治一边，治、平则关乎治人。两边固然同本于“理一”，同时也必须讲究“分殊”，儒家“自治—治人”的原则即是“分殊”的具体表现。朱熹说：

故君子之治人也，即以其人之道，还治其人之身。其人能改，即止不治。①

盖责之以其所能知能行，非欲其远人以为道也。张子所谓“以众人望人则易从”是也。（朱熹，1983：23）

① 朱熹《论语集注》卷三：“伯夷、叔齐，孤竹君之二子。孟子称其‘不立于恶人之朝，不与恶人言。与乡人立，其冠不正，望望然去之，若将浼焉’。其介如此，宜若无所容矣，然其所恶之人，能改即止，故人亦不甚怨之也。”（朱熹，1983：81）此可为“其人能改，即止不治”之注脚。

晚明时的王栋亦以为：

> 学者以圣贤律己，则必严密一层，于无过中搜出有过来，然后不见己之是；以众人望人，则必放宽一步，于有过中脱出无过去，然后不见人之非。（王栋，1995：94上）

所以整个宋明时代，在理论上理学家均奉此“自治—治人”的分别为共法。但在实际的历史过程中，无论程、朱还是陆、王，在处理“自治—治人”的问题时都出现了明显的偏向，尤其学至末流，更发展出严重的弊病。

戴震《孟子字义疏证》里的这段话是对现实中程朱理学流弊最著名的控诉：

> 今之治人者，视古贤圣体民之情，遂民之欲，多出于鄙细隐曲，不措诸意，不足为怪；而及其责以理也，不难举旷世之高节，著于义而罪之。尊者以理责卑，长者以理责幼，贵者以理责贱，虽失，谓之顺；卑者、幼者、贱者以理争之，虽得，谓之逆。于是下之人不能以天下之同情、天下所同欲达之于上；上以理责其下，而在下之罪，人人不胜指数。人死于法，犹有怜之者；死于理，其谁怜之！（戴震，1979：85-86）

在《与某书》中，戴震概括这层意思为掷地有声的十二个大字——“酷吏以法杀人，后儒以理杀人”（戴震，1980：187）。按晚明吕坤《呻吟语》卷一有谓：“得罪于法，尚可逃避；得罪于理，更没处存身。只我的心，便放不过我。是故君子畏理甚于畏法。”（吕坤，2008：614）吕坤将“法”“理”对举，与戴震“人死于法，犹有怜之者；死于理，其谁怜之”之意毕似。戴震是否有得于吕坤？抑或“法”“理”对举是其时常言？尚需斟酌。然据吕坤之言固已可知，作为最高道德要求的“理”本是“君子”修身时针对自己的要求，现在一旦转而作为衡量一般大众的标准，则“自治—治人”必须区别对待的原则将被打破，变作以“自治”来“治人”了。戴震的“以理杀人”说在思想上的来源及其背后的具体所指可能是多元的（蔡锦芳，2006：108-119），但无论如何，抗议程朱理学末流拘泥于德性之“理”，忽视甚至压制人民大众自然情欲的要求，显然是其题中应有之义——“后儒”二字即指此辈而言。

事实上，这种“以自治治人”的倾向，在程、朱本人的意念中就已经有所显露了。《朱子语类》卷七十二：

> 或问：《易传》云：“正家之道，在于正伦理，笃恩义。”今欲正伦理则有伤恩义，欲笃恩义又有乖于伦理，如何？朱子曰：须是于正伦理处笃恩义，笃恩义而不

失伦理方可。（陈荣捷，2007：194）

面对这里“正伦理”与“笃恩义”之间的纠葛，朱熹的处理办法是须在二者之间找到一个恰当的结合点。然而谈何容易！细玩朱熹所说“正伦理处笃恩义，笃恩义而不失伦理”，是以“正伦理”为“笃恩义”的先决条件，语气轻重显然偏在“正伦理”一边。朱熹对“正伦理”与“笃恩义”的先后处置，背后其实就反映着他面对“自治”与“治人”选择时的轻重偏向。这只要通过程颐一段文字的转折就能看出来。按程颐《易传》卷三：

人之处家，在骨肉父子之间，大率以情胜礼，以恩夺义。惟刚立之人，则能不以私爱失其正理。故家人卦大要以刚为善。（陈荣捷，2007：194）

“家人卦大要以刚为善”，也就意味着“人之处家”时的态度也应“以刚为善”。所谓“刚”究竟何指呢？《易传》同卷释晋卦上九爻辞云：“人之自治，刚极则守道愈固，进极则迁善愈速。……严厉非安和之道，而于自治则有功也。”（陈荣捷，2007：178）则“刚”是严厉自治之道。所以程颐的偏向与朱熹是相同的：如果“人之处家”时“大要以刚为善”，就无怪朱熹要把“正伦理”（即程颐的“不以私爱失其正理”）排在“笃恩义”（即程颐的“以情胜礼，以恩夺义”）之前了。前引董仲舒说“以自治之节治人，是居上不宽也；以治人之度自治，是为礼不敬也”，不宽与不敬皆不可取，但若遇二者不可得兼，则程、朱二人是宁取“以自治之节治人”的不宽之道的。

又《论语·颜渊》篇有如下一段文字：

> 子贡问政。子曰：“足食，足兵，民信之矣。”子贡曰：“必不得已而去，于斯三者何先？”曰：“去兵。”子贡曰：“必不得已而去，于斯二者何先？”曰：“去食。自古皆有死，民无信不立。”

朱熹《论语集注》解云：

> 民无食必死，然死者人之所必不免。无信则虽生而无以自立，不若死之为安。故宁死而不失信于民，使民亦宁死而不失信于我也。（朱熹，1983：135）

朱熹的解释是于两种古注之间调和得来的。按何晏《论语集解》引孔安国注云：“死者古今常道，人皆有之，治邦不可失信。”照孔注是意，“信”只是针对作为统治者的士君子讲的：君子宁可自己饿死，也不可失信于民。东汉郑玄的注释则不一样：

“自古皆有死，必不得已，食又可去也。民无信不立，言民所最急者信也。”郑玄的表述显得模糊，皇侃《疏》引李充语补充道：“朝闻道夕死，孔子之所贵，舍生取义，孟轲之所尚。自古有不亡之道，而无有不死之人，故有杀身非丧己，苟存非不亡也。”所谓疏不破注，根据皇侃的疏我们就能知道，郑玄所讲的“信”的主体是包括人民大众而言的，那么所有人都应当采取宁可饿死也不失信的立场。《四书集注》是朱熹一生精力所萃，修订不辍直至临卒之时，他注释《论语》此段时有孔、郑二家之言存于胸中，绝无可疑。徐复观说：“朱注主要的意思是说民宁可饿死而不失信于统治者。但他下这样的解释时，心里多少感到有点不安，所以插进‘宁死而不失信于民’一句，于是‘自古皆有死’之‘死’，变成为统治者与被统治者共死。朱元晦的态度是谨慎而调和，但在文理上多少有点附益之嫌。”这是千载以下的知言。同时他认为，朱熹这种理解“是以儒家修己之道责之人民，……与孔、孟的基本精神不合，孔、孟对于统治者和人民，从不作同等的要求”（徐复观，2004B：264-267）。他的意见是很正确的。我们只要拿前引《论语》中两段文字来做一对比即可看出：

子曰：“士志于道而耻恶衣恶食者，未足与议也。”（《论语·里仁》）

子适卫，冉有仆。子曰："庶矣哉！"冉有曰："既庶矣，又何加焉？"曰："富之。"曰："既富矣，又何加焉？"曰："教之。"（《论语·子路》）

孔子说得相当清楚，无论衣食等物质条件如何而以"道"自治，这是针对"士"而言的，至于治国时面对的人民大众，则必须先满足其物质的需求，而后才谈得上德行的教养。

程朱等人的用意当然不是要以不情之论苛求众人。戴震斥责理学蔑弃人欲、以理杀人，事实上程朱的理欲之辨是特有所指的。这一点反对戴震的方东树（1772–1851）倒颇能平心道出：

程朱所严辨理欲，指人主及学人心术邪正言之，乃最吃紧本务，与民情同然好恶之欲迥别。（方东树，1998：279–280）

是故程朱的本意只是希望"君子畏理甚于畏法"（前引吕坤言），而与"民情"无关。方东树驳斥清代考据学时颇有跳踉叫器之病，惟就此言而论，则不以人废言可也。[1]不过后世的程朱信徒的确将此针对君子的戒律，渐渐推及于一般民众身上去了，戴震的抗议也绝非无的放矢。程朱理学之所以会出现这种流弊，原因自然不一，就其学术本身而言，则大体是出于一种严守“道理”的焦虑。[2]朱熹解释孔子“可与立，未可与权”时说：

> 所谓经，众人与学者皆能循之；至于权，则非圣贤不能行也。
>
> 若不是大圣贤用权，少间出入，便易得走作。（田浩，2009：187）

“经”是指符合“天理”的常道，“权”则是审时度势之下对常道做出的各种斟酌损益。确如田浩所说：“这些话显示朱熹担心士人会随意审时度势，做出种种权宜的决定。……因为他们可

---

① 章太炎《释戴》亦谓“洛（程）、闽（朱）诸儒，制言以劝行己，其本不为长民”，“洛、闽所言，本以饬身，不以隶政，震所诃又非也”（章太炎、刘师培等，2006：80，81）。

② 流弊的出现当然还有学术之外的原因。艾尔曼就将理学分为“学术的”和“政治的”两个层面，指出“以理杀人”的流弊是伴随理学的“政治化”而出现的——“从哲学的观点来看，戴震曲解了朱熹思想的诸多精妙之处，但是从帝国官僚政府中的形式化的政治技巧对于程朱传统的蓄意政治操纵的角度来看，戴震大声疾呼‘死于理，其谁怜之？’不仅仅是看似尖锐的而已。它指出，一旦哲学学说走上政治舞台，被操纵是在所难免的”（艾尔曼，2010：137-138）。

能会把欲望错当天理。”（田浩，2009：187）所以朱熹不肯在“权”字上稍作让步，正因为他对常人不能克尽“道理”存有严重的忧虑。[1]士人自治时自可讲究慎独，与他人无涉，可是治人之时则必须与千差万别的人事发生关系，斟酌损益几乎是不可避免的。只有生而知之的圣人所知所行才能完全与“道理”符同，其他等而下之者德性不能完满，则难免有“出入”“走作”之处。正是为了勉励这些人向圣人“道理”的方向努力，不至于在“出入”“走作”上越走越远，所以才要针对他们施以因地制宜的“权”法。[2]现在朱熹则坚持“权”法“非圣贤不能行”，众人与学者则只能循“经”，如此一来，原本针对士人“自治”的要求，自然就要横亘入众人所在的“治人”的领域了。后世程朱信徒“以理杀人”的流弊，已藏端于此。

明代中叶以前程朱理学流露出“以自治治人”的倾向，晚明王学则正好相反，呈现出“以治人自治”之势。后人言及王学末流之弊，最爱引黄宗羲下面这段话：

---

① 朱熹对“经”“权”关系的看法是有变动的，此处所言则是他的晚年定论（田浩，2009：187–188）。

② 刘宗周说：“古人立教皆权法。”（黄宗羲，1932，册1：10）类似的意见在儒者笔下颇常见，如顾宪成即谓：“圣人遇何等人便识他有何等病，识他有何等病便下何等药，节宣补泻，毫发不爽。”人不同则病不同，是故圣人不能不行“权”，众人也不能不循此“权”而行也（顾宪成，1877A，卷下：9a）。

阳明先生之学，有泰州、龙溪而风行天下，亦因泰州、龙溪而渐失其传。泰州、龙溪时时不满其师说，益启瞿昙之秘而归之师，盖跻阳明而为禅矣。然龙溪之后，力量无过于龙溪者，又得江右为之救正，故不至十分决裂。泰州之后，其人多能赤手以搏龙蛇，传至颜山农（1504–1596）、何心隐（1517–1579）一派，遂复非名教之所能羁络矣。顾端文曰："心隐辈坐在利欲胶漆盆中，所以能鼓动得人。"……故其害如是。（黄宗羲，1932，册6：62）

这段话言泰州、龙溪两派导致的王学流弊，信息相当丰富，此下仅就其中与本书意旨有涉者稍作引申。顾宪成谓"心隐辈坐在利欲胶漆盆中"，这是对泰州诸儒以众人"利欲"之心教人的一种很形象的斥责。王学旨在做到"可与愚夫愚妇知能"，以纳农工商等所有人同入此学之中，则从日用常行处言学正是题中应有之义，不过仍自有一番讲究。《传习录拾遗》：

问："声色货利，恐良知亦不能无。"先生曰："固然。但初学用功，却须扫除荡涤，勿使留积，则适然来应，始为不累，自然顺而应之。良知只在声色货利上用功。能致得良知精精明明，毫发无蔽，则声色货利之交，

无非天则流行矣。”（陈荣捷，2009：225）

很明显，对“声色货利”这些一般民众念兹在兹的东西，王阳明认之为良知的“借径”，故而说“良知只在声色货利上用功”，但此言稍一转手就会变成“良知只在声色货利上”，“借径”就要变成“捷径”了。后来泰州学派的李贽教人学道，专强调“从众人之所能行者而已”（李贽，1975：43），本也是“借径”之意，结果“学人喜其便利，趋之若狂”（黄宗羲，1932，册12：6），“借径”同样变成了“捷径”。黄宗羲所谓“阳明先生之学，有泰州、龙溪而风行天下”，大体即指此“捷径”而言。

“借径”之所以要变成“捷径”，大致有教与学两方面的原因。就教的一面看，则“借径”与“捷径”之间本只一线之隔，这从上引王阳明的话已能见出。又泰州学派的林春（1498–1541）自谓：

> 日来工夫……不求见解，只依本色，人虽不知，吾自知之，人虽不信，吾自信之而已。吾自心自信，当下即得清明，随事自能泛应。（黄宗羲，1932，册6：98）

以自信良知为入手工夫，这是典型的王学教法。同样是泰州学派的王栋则对此教法的弊病有警醒的认识：

凡今不肯精细入思，从容中道，而但任气作用，率意径情，且侈号于人曰：吾自良知妙用矣，管甚人是人非；吾自性天流行矣，管甚无破无绽；少循规矩，则谓之拘执道理；少尽报施，则谓之陪奉世界。（黄宗羲，1932，册6：90）

故林春的“自心自信”未为不是，可是一旦把捉稍偏即会变成“任气作用，率意径情”，除非受此教者能够“精细入思”。这就涉及学的一面。王学教法其实预设了来学者具有相当的天分，否则无从区分“借径”与“捷径”之间的微妙区别。朱国桢（1558–1632）评论李贽说：“李氏诸书，有主意人看他，尽足相发，开心胸；没主意人看他，定然流于小人，无忌惮。”（厦门大学历史系，1975：69）这是心得之见。可是来学者中毕竟“有主意人”少而“没主意人”多，他们从学之后的选择与王学大师们的预设之间难免出现巨大落差。李贽评论王畿时说：

先生以言教天下，而学者每占哔其语言，以为先生之妙若斯也，而不知其糟粕也，先生不贵也；先生以行示天下，而学者每惊疑其所行，以为先生之不妙若斯也，而不知其精神也，是先生之所重也。（李贽，1959：440）

王畿“言”“行”之间意蕴颇有不同，学者多喜其“言”而不以其“行”为意。李贽是有为而言，点到为止，其具体含义需借徐阶（1503–1583）《龙溪先生传》一段文字方能帮助揭出：

> 昔孟子称柳下惠，谓圣之和，又谓不以三公易其介。公天性温良，居常坦然平怀，无疾言暴色，虚缘而容物。予尝观公自赞之词曰：“志若迂而自信，才若蹇而自强。行己若污若洁，闻道若存若亡。洞照千古而不逾咫尺，俯视万物而不异寻常。潜而若见，发而若藏，几希乎一息千里，而忘其牝牡骊黄。”又尝曰：“同于愚夫愚妇为同德，异于愚夫愚妇为异端。使自处太高，不谐于世，只成自了汉，非一体之学。”盖可谓和矣。然不濡足二相之门，守其师说，屡为世大禁，卒不摄不悔，又何介也！夫和与介，时而出之，是谓时中。（柳下）惠虽未能如孔子之时，然其和也，有介存焉，此以得称圣，而鲁人欲以其不可学惠之可，孔子称之。然则欲学公者，其先求诸介乎？不然首阳为拙，柱下为工，委蛇浮湛，而顾以为道在是，其亦不善学公者矣！（王畿，2007：827）

这段文字分别涉及一层今典和古典。今典之意见于言表，“二相之门”分别指嘉靖朝先后为内阁首辅的张璁（1475–1539）和夏言

（1482–1548）。张、夏二人皆欲罗织王畿至其门下，乃王畿皆不应，张璁尚不免“以此益重之”，夏言则“大不怡”，“因票旨诋为伪学”（王畿，2007：835）。王畿这番“自处太高，不谐于世”的行事，的确足堪学者“惊疑”，以为“不妙若斯也”。是故王畿一辈王学家，其语言文字虽常常和光同尘，平生行事则每每介然自守；世人皆以“和”称之，内心实一“介”字填满。古典是其中“鲁人欲以其不可学（柳下）惠之可”一句。按《诗经·小雅·巷伯》毛氏《传》云：

> 鲁人有男子独处于室，邻之嫠妇又独处于室。夜暴风雨至而室坏，妇人趋而讬之。男子闭户而不纳，妇人自牖与之言曰：“子何为不纳我乎？”男子曰：“吾闻之也，男子（一作女）不六十不闲居，今子幼，吾亦幼，不可以纳子。”妇人曰：“子何不若柳下惠然，妪（一作煦）不逮门之女，国人不称其乱。”男子曰：“柳下惠固可，吾固不可。吾将以吾不可学柳下惠之可。”孔子曰：“欲学柳下惠者，未有似于是也。”（陈士珂，1936：67–68）

此事又见《孔子家语·好生》篇，文字大同。在柳下惠为“可”之事，在鲁人则为“不可”，根据孔子的看法，这不是鲁人“不若柳下惠”，而恰恰是鲁人之善“学柳下惠”。徐阶用此典即意在指出，“和”在王畿辈自是“可”行者，但对“欲学公者”而言则为“不可”，而当转以“先求诸介”为法程，这样才能“知其精神”所在，于“先生之所重”者真有所得。王畿的“介”当然是体现的士君子的严谨自治，“和”则是为接引“愚夫愚妇”而设的方便法门。以“介”自治，以“和”治人，这既是王畿辈的深心，也是儒家固有的传统。然而正如李贽所见，天下学者皆以“和”为妙而“介”为不妙，务妙之辈滔滔皆是，能识得“不妙”深心者岂可多得！罗洪先谓一世学者“但知即百姓之日用，以证圣人之精微，而不知反小人之中庸，以严君子之戒惧”（黄宗羲，1932，册4：30），“治人”之教成了“自治”之具，王学末流之弊已为此一言道尽。

顾宪成说：“罗近溪先生曰：由孩提之不学而能，便可到圣人之不勉而中；由孩提之不虑而知，便可到圣人之不思而得。此意见得极透，乃宗其说者，因是类喜言自然，图做个见成圣人，则又误矣。”（顾宪成，1877B，卷1：6a）这也是学者不能体会罗汝芳“不妙”深心之意。罗汝芳本人与他人有过一次问答：

> （或）曰：“君子小人，俱一样中庸，而何又曰‘君子而时中’？则中庸与时中，岂亦有分别耶？”罗子曰：“观圣贤之言，极是缜密。如曰：率性谓道，道无须臾可

离，便是人人公共；曰：喜怒哀乐未发为中，发而中节为和，便自有个分别。‘中庸’二字，可以概言，亦可以分言。概言则皆天命之性也；分言则必喜怒哀乐更无妄发，或感而发又无逾节，方始是中。……吾人情性俱是天命，庸则言其平平遍满、常常具在也；中则言其彻底皆天，入微皆命也。故其外之日用，浑浑平常，而其中之天体，时时敬顺，乃为慎独，乃成君子。是中者庸之精髓，庸者中之肤皮，而戒谨恐惧者，则君子之事天养性，以完固精华而充润肤体也。故前此诸大儒先，其论主敬工夫，极其严密，而性体平常处，未先提掇，似中而欠庸，故学之往往至于拘迫；近时同志先达，其论良知学脉，果为的确，而畏敬天命处，未加紧切，似庸而未中，故学之往往无所持循。”（罗汝芳，2007：107−108）

我们要注意罗汝芳对“庸”与“中”的明确区分。其以“庸”为“人人公共”，“中”则是君子的慎独自修，二者“概言”之固可相成，“分言”之则每每相反。是故圣学之中实有“人人公共”与“君子慎独”两个不同的领域，双方之所讲究与需要的工夫往往是不同甚至相反的。罗汝芳谓“近时”之“论良知学脉”，所偏乃在“庸”多“中”少，故亟待加强君子“戒谨恐惧”的慎独工夫。其对王学教法流弊的观感与罗洪先一般无二。事实上，二罗之言也正是后来王学反思潮流之先声。顾允成（1554–1607）《简高景逸大行》谓：

> 夫论道以中，则岂复有他说哉？但弟生平左见，怕言中字，以为吾辈学问，须从狂狷起脚，然后能从中行歇脚。凡近世好为中行而每每坠入乡愿窠臼者，只因起脚时便要做歇脚事也。盖落脚即是中行，唯圣人天理浑然、毫无私欲则可，自圣人以下，便有许多私欲纠牵，所以孔子告颜子曰克己，而其称之亦曰有不善未尝不知，知之未尝复行。其紧要工夫自是如此，若不向私欲处悉力斩绝，而遽言中行，所谓籍寇兵、赍盗粮，未有不败者也。（顾允成，1886，卷6：22a–b）

顾允成所谓“中（行）”与“狂狷”，即是罗汝芳说的“庸”与“中”。其力言“吾辈学问，须从狂狷起脚”，针对的是王学盛行之下学者“好为中行而每每坠入乡愿窠臼”的弊端，与罗洪先所说“但知即百姓之日用，以证圣人之精微”及罗汝芳所说“庸而未中，故学之往往无所持循”也是言异而意同。惟顾氏强调严肃自治的意态较之前二者已更显坚决耳。

事实上在明清之际，已有不少人感觉到教、学两边的这种弊病几乎是王门教法所不可避免的。清初的阎若璩（1636–

1704）说得极为透彻：

> 阳明岂不教人为善去恶乎？然既曰无善无恶，而又曰为善去恶，学者执其上一语，不得不忽下一语也。何者？……阳明曰："四无之说，为上根人立教；四有之说，为中根以下人立教。"是阳明且以无善无恶扫却为善去恶矣。既已扫之，犹欲留之，纵曰为善去恶之功，自初学至圣人究竟无尽，彼直见以为是权教、非实教也，其谁肯听？既已拈出一个虚寂，又恐人养成一个虚寂，纵重重教戒，重重属付，彼直见以为是为众人说，非为吾辈说也，又谁肯听？夫何故？欣上而厌下，乐易而苦难，人情大抵然也。投之以所欣而复困之以所厌，畀之以所乐而复撄之以所苦，必不行矣。故曰惟其执上一语，虽欲不忽下一语而不可得；至于忽下一语，其上一语虽欲不弊而不可得也。（阎若璩，2010：673）

所以明末的高攀龙说："姚江（王阳明）天挺豪杰，妙悟良知，一破泥文之蔽，其功甚伟，岂不可谓孔子之学，然而非孔子之教也。"（高攀龙，1876，卷9上：23a）稍后的刁包也有同感，以为"阳明天分殊绝，……然以之自治及中人以上者可矣，必垂为法程，教学者诏天下来世，恐后人希顿悟而事捷径，将流于闲旷虚寂，而不从实地著脚”，因而“《传习录》可以为学不可以为教”（刁包，1995：278上，241上）。可是此教毕竟行世百数十年，在“妙悟良知”的背景下，王学大师们“治人”的权言难免被来学者纷纷奉为“自治”的经言，方便法门也竟至变成了“初学入德之门”。四百年前朱熹“若不是大圣贤用权，少间出入，便易得走作”的话，果真是一语成谶了。

宋明儒既奉“自治—治人”之别为原则，却又在实际落实时出现各自的偏向，实际上，儒家传统中呈现出的类似问题尚有不少。即如儒家治学莫不以考据与义理配合兼顾为原则，但实际的治学风格却代有不同，考据与义理两边每有偏重，以致形成汉学（重考据）与宋学（重义理）两种流别。《四库提要》以为“自汉京以后，垂二千年，儒者沿波，……要其归宿，则不过汉学、宋学两家，互为胜负”（永瑢等，1965：1上），即相当精练地概括了这个众所周知的事实。本书所说宋明儒在“自治—治人”问题上出现偏向，也是从这一层面上来讲的。

三、清代考据学对“自治—治人”有意识的区分

清代考据家“自治”与“治人”的内容相较于宋明理学家已颇有差别。同时与宋明理学家在整体上呈现某种偏向不同，清代考据家在“自治”与“治人”的问题上坚持了一种区别的眼光，有意识地以不同的方式来处理两个领域的问题。下面先以戴震的理论为根据指出其“自治”与“治人”的具体所指，然后再观察考据家是如何处理二者之间的关系的。

戴震是清代考据家群体中涉猎范围极广且最具理论意识和能力的人，也是公认的清代考据学的理论代言人。他的理论集中体现在其平生最大也是最后著作《孟子字义疏证》中。《疏证》的宗旨概括言之即：反对宋明理学的旧“理”，建立作者自己的新“理”。旧“理”为什么必须反对呢？《疏证》说：

> 《六经》、孔、孟之言以及传记群籍，理字不多见。今虽至愚之人，悖戾恣睢，其处断一事，责诘一人，莫不辄曰理者，自宋以来始相习成俗，则以理为如有物焉，得于天而具于心，因以心之意见当之也。……即其人廉洁自持，心无私慝，而至于处断一事，责诘一人，凭在己之意见，是其所是而非其所非，方自信严气正性，嫉恶如仇，而不知事情之难得，是非之易失于偏，往往人受其祸，己且终身不寤，或事后乃明，悔已无及。呜呼，其孰谓以此制事，以此治人之非理哉！（戴震，1979：69–70）

这是说，宋以来儒者把“理”看作是“得于天而具于心”的先验之物，这就导致容易把自己内心所安处即当作“理”之所在。但事实上，其心安所得者并不是“理”，而不过是一己的“意见”而已。一旦把这种“意见”当作“理”来“制事”“治人”，无论主观动机如何“廉洁”“无私”，结果都是以一己之私意强加于人，最终必然是造成普遍的灾难——“人受其祸”。这些灾难中波及范围最广、程度最严重的，就是前引戴震《与某书》中说的“以理杀人”，其来源即儒者心中坚持的一种“意见”——“自信天理非人欲”（戴震，1979：204）：

程、朱以理为“如有物焉，得于天而具于心”，启天下后世人人凭在己之意见而执之曰理，以祸斯民。更淆以无欲之说，于得理益远，于执其意见益坚，而祸斯民益烈。岂理祸斯民哉，不自知为意见也。离人情而求诸心之所具，安得不以心之意见当之，则依然本心者之所为。（戴震，1980：175）

戴震追本溯源，指出造成这种灾难的原因是以“意见”为“理”，而“意见”之所以可以变成“理”，又是由于“理在人心”（“得于天而具于心”）的终极观念。所以要改变“祸斯民”的现状，就必须从根本上摧破“意见”之“理”，而另辟蹊径寻得真“理”。

那么“意见”如何可去？真“理”如何可得呢？戴震提出了两种途径。其一为“以情絜情”：

理也者，情之不爽失也；未有情不得而理得者也。凡有所施于人，反躬而静思之：人以此施于我，能受之乎？凡有所责于人，反躬而静思之：人以此责于我，能尽之乎？以我絜之人，则理明。天理云者，言乎自然之分理也；自然之分理，以我之情絜人之情，而无不得其平是也。

今使人任其意见，则谬；使人自求其情，则得。……不过人之常情，不言理而理尽于此。惟以情絜情，故其于事也，非心出一意见以处之，苟舍情求理，其所谓理，无非意见也。（戴震，1979：63，71）

当人心中有所见时，怎样才能确定此见是否一己的“意见”呢？“以情絜情”就是很合适的检验方法。但“以情絜情”的整个过程是“不言理”的，它主要的意义实在于消极地规避非理，而不是积极地寻求得理。固然“未有情不得而理得者”，却并不能反过来说“凡情得则理得”。所以戴震说：“人能出于己者必忠，施于人者以恕，行事如此，虽有差失，亦少矣。”（戴震，1979：209）言下之意，“以情絜情”并不能保证行事完全合“理”。因此要想行事完全合“理”无稍差失，就必须积极地明“理”得“理”，这就需要第二种途径——“重问学，贵扩充”（戴震，1979：101）：

理义在事情之条分缕析，接于我之心知，能辨之而悦之；其悦者，必其至是者也。……其心之精爽，巨细不同，如火光之照物，光小者，其照也近，所照者不谬也，所不照斯疑谬承之，不谬之谓得理；其光大者，其照远也，得理多而失理少。且不特远近也，光之及又有明暗，

> 故于物有察有不察；察者尽其实，不察斯疑谬承之，疑谬之谓失理。失理者，限于质之昧，所谓愚也。惟学可以增益其不足而进于智，益之不已，至乎其极，如日月有明，容光必照，则圣人矣。此《中庸》“虽愚必明”，《孟子》“扩而充之之谓圣人”。神明之圣也，其于事靡不得理，斯仁义礼智全矣。故理义非他，所照所察者之不谬也。何以不谬？心之神明也。（戴震，1979：74）

宋明儒认为“理”先天已具备于人心中，戴震则以为“理在事情”（戴震，1979：72）本身。此“事情”统括人事界与自然界而言，万事万物皆有其“理”，即所谓“天地人物事为，不闻无可言之理者也”（戴震，1979：92）。要得到这些事物的“理”，就必须培养人心知的能力，心知愈光明，则愈能明“理”。凡人的心知能力都有所不足，“惟学可以增益其不足而进于智”，只要“益之不已”，终能达到“于事靡不得理”的境界。戴震这番外化的“理”论较之宋明儒内化的“理”论完全不同，“问学扩充”的心知能力在其中占据了关键的地位。

以上所言戴震“理”论中的两个方面，现代的戴学研究者早已经发掘出来了，重要的是，一些研究者很敏锐地察觉到这两种“理”论，尤其是“以情絜情”一面，似乎暗含了一种内在的矛盾。[①]胡适便说戴震"假定'一人之欲，天下人之同欲也'，故可以'以我之情絜人之情而无不得其平'。但那个假定的可能是不太靠得住的。'一人之欲'，而自信为'天下人之同欲'，那仍是认自己的意见为天理，正是戴氏所要推翻的见解。……要求心之所同然，便不可执著个人所欲，硬认为天下人之同欲；必须就事上求其'不易之则'。这就超过'以情絜情'的套话了"。他解释这个矛盾说，戴震是以"以情絜情"来求"关于人事的理"，以"问学扩充"来求"关于事物的理"，"前者是从儒家经典里出来的；后者很少依据，可算是戴氏自己的贡献"。因此"问学扩充"才是戴震"一贯的主张"，"以情絜情"则是"偶尔因袭下来的说法，和他的根本主张颇有点不一致"（胡适，1991：1030，1029，1065–1066）。

按胡适感觉敏锐，定论则未免"意见"之嫌。戴震讲义理的著述除《孟子字义疏证》外，尚有《原善》和《绪言》两种。根据段玉裁《戴东原先生年谱》和钱穆的考证，《原善》成书最早，先为三篇，后于1766年扩为三卷；《绪言》则作于1769至1772年；《孟子字义疏证》成书在1776至1777年之间，最后定稿距戴震之卒已不过数月。三书之间有同有异，其间大略情形钱穆言之最为精审。其谓《疏证》云：

① 最早提及者大概是王国维的《国朝汉学派戴阮二家之哲学》（王国维，1997：99）。

以通情遂欲至于不爽失为理，以推己反躬、忠恕絜情为得理之所由，实东原晚年最后思想所止，亦《孟子字义疏证》一书之所为作也。（钱穆，1997：386）

若将《疏证》与《绪言》对比，则“《绪言》主要在辨理气之先后，而《疏证》则主要在辨理欲之异同”（钱穆，1997：389）。换言之，《绪言》所谈之“理”尚局于“问学扩充”一边；而《疏证》言“理”则特别增以“以情絜情”之论，是为《绪言》全未道及者。因此钱穆视“以情絜情”为戴震的晚年定论，确是知言。可以毫不夸张地说，“以情絜情”论是贯穿《疏证》全书的中心论旨之一。同时钱穆又指出，成书最早的“《原善》三卷中颇已及性、情、欲异同之辨”（钱穆，1997：390）。例如《原善》云：

人与物同有欲，欲也者，性之事也。……欲不失之私，则仁。

去生养之道者，贼道者也。细民得其欲，君子得其仁。遂己之欲，亦思遂人之欲，而仁不可胜用矣；快己之欲，忘人之欲，则私而不仁。（戴震，1979：10，46）

这些话与《疏证》中“以情絜情”之意几乎没有任何区别。故由

《原善》到《疏证》十数年间，“理欲”之辨始终都是戴震心中积虑的一个中心问题。《绪言》不过为专辨“理气”以驳宋儒，用意别有所在，对“理欲”一节未遑涉及而已。所以“以情絜情”之论从来也是戴震“根本的主张”和“一贯的主张”，绝非胡适所谓“偶尔因袭下来的说法”。

尽管胡适对“以情絜情”论在戴震整个学术系统中位置的看法是一种“意见”，但他发现“以情絜情”和“问学扩充”两个方向之间的“不一致”，则确是读书得间。“问学扩充”强调发挥心知的能力去获得关于客观事物的知识，但在“以情絜情”的过程中，知识显然不是必须的东西。其间的“不一致”的确甚显。那么对这个“不一致”究竟应当如何理解呢？[①]事实上，在戴震的学术系统中，“以情絜情”和“问学扩充”正是分别处理士君子治人和自治两个不同领域的问题。

戴震发出“以情絜情”论有一个直接的目的，即为人的情

① 周昌龙教授也指出，“戴东原哲学内部本有矛盾，它兼具‘心知之明’与‘以情絜情’两条通往义理的途径”，并称之为“戴东原哲学的难题”。他认为由于这个矛盾无法解除，所以“戴震以后，凌廷堪、焦循、阮元等都取‘以情絜情’的捷径，跳过‘心知之明’与‘不易之则’的关系等问题不多讨论，而提倡‘以礼节性’的社会道德与社会秩序”，即“多走‘以情絜情’一途，以建立民间社会的自然伦理秩序为目的”。他批评胡适以先入为主的“知识主义”看待戴震，故而看不到戴震后学是在继承他“从‘以情絜情’的方法论下手”，反而认为他们背叛了戴学（周昌龙，2004：90，94，99）。这一批评有其道理。但在强调戴震后学“从‘以情絜情’的方法论下手”的同时，又认为他们放弃了“心知之明”一途，也不免同胡适一样坠于一偏了。

欲正名，打破宋代以来“理—欲”对立的观念，进而为正确处理人之情欲提供一条可靠的途径。《疏证》云：

> 宋以来之言理也，其说为“不出于理则出于欲，不出于欲则出于理”，故辨乎理欲之界，以为君子小人于此焉分。今以情之不爽失为理，是理者存乎欲也。（戴震，1979：81）

情如何才能不爽失？“以情絜情而无爽失”（戴震，1979：66）也。戴震之所以要全力以赴为人之情欲正名，其终极目的是很清楚的，即为一般民众呼号，希望在“治人”的领域里满足民众的基本情欲诉求。《疏证》书末的这段文字即是点题之笔：

> 夫尧舜之忧四海困穷，文王之视民如伤，何一非为民谋其人欲之事！惟顺而导之，使归于善。今既截然分理欲为二，治己以不出于欲为理，治人亦必以不出于欲为理，举凡民之饥寒愁怨、饮食男女，常情隐曲之感，咸视为人欲之甚轻者矣。轻其所轻，乃曰“吾重天理也，公义也”，言虽美，而用之治人，则祸其人。至于下以欺伪应乎上，则曰“人之不善”，胡弗思圣人体民之情，遂民之欲，不待告以天理公义，而人易免于罪戾者之有道也！孟

子于民之“放辟邪侈，无不为以陷于罪”，犹曰，“是罔民也”；又曰，“救死而恐不赡，奚暇治礼义”！古之言理也，就人之情欲求之，使之无疵之为理；今之言理也，离人之情欲求之，使之忍而不顾之为理。此理欲之辨，适以穷天下之人尽转移为欺伪之人，为祸何可胜言也哉！（戴震，1979：219）

在这段文字里，戴震为情欲正名的真正用意昭然若揭。孟子所谓“救死而恐不赡，奚暇治礼义”完全是对众人而言的，将自然生命的保证放在第一位；若对士君子，则是要求“舍生取义”，把德性的追求放在自然生命之上。现在戴震用“以情絜情”来“为民谋其人欲之事”，显然是出于“用之治人”的考虑，所谓“体民之情，遂民之欲”是也。戴震直接的说教对象当然是读其书的士人，但同时也是广涉全体众人而言的。每一个人都要面对处理人、己关系的问题，所以在戴震规划的“治人”领域中，无论士人还是众人都可以也应当“以情絜情”。就士人而言，他们不仅对众人的情欲要“顺而导之”，对他们自己的情欲也必须予以基本的正视。戴震以为：

能苟焉以求静，而欲之剪抑窜绝，君子不取也。

孟子言“养心莫善于寡欲”，明乎欲不可无也，寡

之而已。……己不必遂其生，而遂人之生，无是情也。（戴震，1979：33，81）

“己不必遂其生”之人是否能够“遂人之生”，这别是一回事情。[1]对戴震来说，“以情絜情”就是要做到一方面“己所不欲，勿施于人”，另一方面“己欲立而立人，己欲达而达人”。如果自己的情欲已经“剪抑窜绝”，变成无欲之人，那么“以情絜情”也就失去了基点，根本无从谈起了。

但是士人在“以情絜情”以“治人”的同时，还有一套排众人在外的“自治”之学。章太炎下面这段话说得很有分寸：

（戴震）知民生隐曲，而上无一言之惠，故发愤著《原善》《孟子字义疏证》，专务平恕，为臣民诉上天。明死于法可救，死于理即不可救。……夫言欲不可绝，欲当即为理者，斯固逮政之言，非饬身之典矣。……挽世或盗其言，以崇饰慆淫。……诚明震意，诸款言岂得托哉？（章太炎、刘师培等，2006：81）

戴震“以情絜情”论的良苦用心，为太炎此言揭露无遗。尤其重

① 吕思勉《订戴》一文对此有专门评论（吕思勉，1997：150–156）。

要的是，太炎指出了戴学中“逮政之言”和“饬身之典”的分别，“逮政之言”自指“以情絜情”无疑，“饬身之典”则是出自“问学扩充”之所得。在戴学中，“以情絜情”是包括士人、众人共同为言，属“治人”一面，“问学扩充”则是士人独占的“自治”之学。《孟子字义疏证》里对之有清晰的分别：

> 朱子亦屡言“人欲所蔽”，皆以为无欲则无蔽，非《中庸》“虽愚必明”之道也。有生而愚者，虽无欲，亦愚也。凡出于欲，无非以生以养之事，欲之失为私，不为蔽。自以为得理，而所执之实谬，乃蔽而不明。天下古今之人，其大患，私与蔽二端而已。私生于欲之失，蔽生于知之失。（戴震，1979：83）

这段话说得很清楚，人欲不正是“私”，心知不明是“蔽”，两个问题的性质是全然不同的。“私”与“蔽”是戴震论学的一个中心问题，笔下反复言及。如“余谓学之患二：曰私，曰蔽”（戴震，1980：213），又说“人之患，有私有蔽：私出于情欲，蔽出于心知”。怎样才能不“私”不“蔽”呢？则曰：“智也者，言乎其不蔽也；仁也者，言乎其不私也。”所以，解决“蔽”的问题全靠“问学扩充”以提高人心知的能力；去除“私”则端在于能“仁”——“欲遂其生，亦遂人之生，仁也”

（戴震，1979：205，198，81）——也就是“以情絜情”。[1]去“私”与去“蔽”之所以要截然分开，是因为只有士君子才具有“问学扩充”以去“蔽”的能力。戴震以为：

> 德性资于学问，进而圣智。……是以重问学，归扩充。
>
> 圣贤之学，由博学、审问、慎思、明辨而后笃行，则行者，行其人伦日用之不蔽者也。（戴震，1979：101，205）

戴震所谓的“学问”是特有所指的，即他的名言：“古今学问之途，其大致有三：或事于理义，或事于制数，或事于文章。”在这种“博学审问，慎思明辨”的“学问”面前，他说“愚民不知学问，不解德行行事”（戴震，1980：189，209），对于连字也不认识的“愚民”来说，是一点也不冤枉的。戴震又说：

> 天下智者少而愚者多。以其心知明于众人，则共推之为智，其去圣人甚远也。以众人与其所共推为智者较其

---

① 戴震《原善》卷下有云："人皆有不蔽之端，其故也，问学所得，德性日充，亦成为故；人皆有不私之端，其厚也，问学所得，德性日充，亦成为厚。"（戴震，1979：43）这时戴震将解决蔽、私的途径皆统属于"问学"，尚未分开。可见确如前引钱穆所言，"以情絜情"论是戴震"晚年最后思想所止"。

得理，则众人之蔽必多；以众所共推为智者与圣人较其得理，则圣人然后无蔽。（戴震，1979：71）

圣人的心知是全体通明的，故全然无蔽。“智者”虽然“去圣人甚远”，但“其心知明于众人”，故尚可“问学扩充”以尽量减少其“蔽”。可是“天下智者少而愚者多”，能够“问学扩充”以明其心知的毕竟只限于少数人。针对大多数“愚者”来说，只要“以情絜情”即可。这是“不言理而理尽于此”的权宜之计。所谓“不言理”者，正因可以不需“问学扩充”之工夫也。所以戴震将“以情絜情”和“问学扩充”作截然分别，完全是基于一层对社会现实的清醒认识，绝非只是头脑中的理论逻辑而已。

戴震生当清代考据学全盛之日，并世其他考据家大多受制于考据学的内在规范，述而不作，很少有理论上的表述乃至兴趣。但戴震的理论仍然不是空谷足音。稍后于他的焦循《良知说》有谓：

行其所当然，复穷其所以然，诵习乎经史之文，讲求乎性命之本，此惟一二读书之士能之，未可执颛愚顽梗者而强之也。良知者，良心之谓也。虽愚不肖，不能读书之人，有以感发之，无不动者。……（王阳明）真能以己之良心，感动人之良心。……牧民者，苟发其良心，不为

> 贼盗，不相争讼，农安于耕，商安于贩，而后一二读书之士，得尽其穷理格物之功。孔子曰："民可使由之，不可使知之。"子夏曰："虽曰未学，吾必谓之学。"此之谓与。（焦循，1936：123-124）

胡适读了这段文字，认为焦循是"认普通人说的'良心'即是良知，所以要用这条捷径来治一般人，而把穷理格物之功让给一二读书之士"。他的这个看法是不错的。但他认为焦循所言是根据的"王阳明的哲学，根本上便和戴震不能相容"（胡适，1991：1063），这便是因误解戴震而将焦循一同误解了。按焦循所谓"以己之良心感动人之良心"，这种将心比心的方法其实就是戴震提倡的"以情絜情"；"牧民者，苟发其良心"云云，则正如戴震的常言："圣人治天下，体民之情，遂民之欲。"（戴震，1979：85）这些都是用来"治一般人"的。至于"一二读书之士，得尽其格物穷理之功"，则正是戴震对"一二读书之士"始能之的"问学扩充"的要求。焦、戴二人所言都是在士人自治与治人两边分别为言，见得此点，方可知焦循实在是"根本上便和”戴震若合符节的。[①]

认清了戴震理论中的“自治”与“治人”及其具体所指——“问学扩充”与“以情絜情”，我们才能进一步观察清代考据家是如何处理二者之间的关系的。从文化史的立场看，儒家之所以要求“自治”与“治人”分别处理，是因为“士人文化”与“大众文化”各有各的传统与讲究。但两种文化之间显然也有交集，尤其晚明以降随着大众的上升，士人参与“大众文化”的范围与程度较之以前大大加宽加深了。所以士人的“自治”与“治人”之间自然也有趋于一致的地方，尤其当士人与众人在“大众文化”里分享同一种价值的时候，“自治”与“治人”也就表现出共同的精神指向。在戴震的时代，正视人的基本情欲逐渐成为士人与众人共同的要求，所以“治人”时要“以情絜情”，“自治”时也少不了如此。但与此同时，士君子毕竟另有一套“士人文化”的传统，其中的价值指向又往往与“大众文化”之间存在太多的偏差。这时士人的“自治”与“治人”之间就每每要相互悖离了。《疏证》有云：

① 焦循对“自治—治人”的区别同戴震一样，也是从社会现实出发的，如其《君子寓于义小人寓于利解》云：“儒者知义利之辨，而舍利不言，可以守己，而不可以治天下。天下不能皆为君子，则舍利不可以治天下之小人。”（焦循，1936：137）

忠信由于质美，圣贤论行，固以忠信为重，然如其质而见之行事，苟学不足，则失在知，而行事因之谬，虽其心无弗忠信，而害道多矣。行之差谬，不能知之，徒自期于心无愧者，其人忠信而不好学，往往出于此。此可以见学与礼之重矣。（戴震，1979：193）

仅仅出自“忠信”的人之所以往往“行事因之谬”，是因为他们“学不足，失在知”。所以“以情絜情”（忠信）仍难保行事“有差失”甚至“害道多”，要完全避免这种情况，就必须严肃正视“学与礼之重”，也就是发挥心知的能力去“问学扩充”。换言之，“以情絜情”固然是一种合“理”的途径，但合“理”与否的最终裁判权仍必归于“问学扩充”的心知之明。这就是戴震说的“致其心之明，自能权度事情，无几微差失”（戴震，1979：210）。当士人“问学扩充”的自治所得与“以情絜情”的治人之方之间出现异趋的时候，士人自然毫无疑问地要坚持“自治”，这是“问学扩充”的根本价值所在；但却不能将此“自治”用以“治人”，这又是“以情絜情”的内在要求。“自治”与“治人”之间不能不分道扬镳了。

焦循讲这番意思最为清楚。他有《理说》云：

先王立政之要，因人情以制礼。……君子以礼自安，小人以礼自胜，欲不治，得乎。后世不言礼而言理。……而所以治天下则以礼，不以理也。礼论辞让，理辨是非。（焦循，1936：151）

所谓“礼”与“理”，大体即“以情絜情”与“问学扩充”之别。焦循说得很明白，治天下应该用“以情絜情”得来的“礼”，而不是分辨是非的“理”。他自己的确谨守其言，故著《愚孝论》为民间刲股侍亲之事申辩时说，“刲股之为愚，不独智者知之，愚者亦知之”，但当“亲者奄息欲绝，呻吟在床，求之医药弗效，求之鬼神亦弗效”之时：

斯时可以活亲者，诚舍刲股之事，别无所出。而且传之故老，载诸简编者，皆剌剌称其效之如响。奈何以其愚不一试之。且以是为愚，必反是行其智矣。处人伦之中，可以智乎！（焦循，1936：124）

这正是说“处人伦之中”时必以“以情絜情”为行事的准绳，而不可以用“智”，即便从是非——“理”——的立场看，其所行者完全就是“愚”事。不过焦循是把“以情絜情”很自觉地限制在治天下的问题上的，并不会为了重“礼”即不讲“理”。他在《孟子正义》里即谓：“后儒言理或不得乎孔孟之旨，故戴氏

（震）详为之阐说，是也。说者或并理而斥言之，则亦芒乎未闻道矣。”（焦循，1993：345上）这是因为“礼”与“理”是各有擅场的，治天下固当以“礼”，士君子自治则必须知“理”，故其《答汪孝婴问师道书》有云：

> 窃谓礼让理争，在师弟之间则又有说。孟子云，父子之间不责善，古者易子而教之，然则师弟之间不可不责善矣。（焦循，1936：226）

“父子之间不责善”就是“处人伦之中”不“可以智”；然则弟子从师，正为学以明“理”，是故“师弟之间不可不责善矣”。“治人”与“自治”当分别以“礼”与“理”——“以情絜情”与“问学扩充”——为行事的准则，在焦循笔下阐述得再清楚不过了。[1]

对清儒而言，“自治”与“治人”的分别处理绝非仅仅停留在理论层面，清代考据家多在有意无意间秉此道而行。既

---

① 程瑶田《论学小记·擘窠书四字说》亦谓：“一曰‘让’。事必有‘理’，俗谓之‘理路’，若大路然。今不曰‘理’而书‘让’字者，理但可以绳己，自己见得理路一定如此，自达其心，岂故有违？若将理绳人，则人必有诡词曲说，用相取胜，是先启争端也。今吾一以让应之，彼虽有褊心，不自知何以变为豁达之度。《大学》曰：‘一家让，一国兴让。’其机盖如此也。”（程瑶田，2008，册1：94–95）其意与焦循“礼让理争”之论符同。

有研究显示出，“以情絜情”一类平恕宽容之论是清代（尤其乾嘉时代）考据家相当广泛的呼声，绝非仅限于一二人。钱穆说：“卑之无甚高论，求平恕，求解放，此乃乾嘉诸儒之一般意见，而非东原个人的哲学理论也。”（钱穆，2004：7）今人严寿澂即从考据家的文字中钩稽出大量此类言论，将钱穆之说完全坐实（严寿澂，2008：118–147）。但另一方面，如众所周知，清代考据家又使自己的学术工作与一般人生日用之间维持了一个遥远的距离，以致给人不问世事的感觉。这与亟亟为世人呼号的用心之间呈现出强烈的反差。造成这种反差毫无疑问离不开诸多客观上的原因，但清儒之所以能够接受这种反差则是凭借一层主观上的观念的支撑，绝非完全出于客观原因的逼迫。戴震的老师江永的例子即能说明这一点。雍、乾间的程朱学者汪绂（1692–1759）尝引考据家江永为好友，致信江永希望其挺身而出“振兴末俗”。他之所以属意于江永，是因为他认为“慎修（江永）著作之富，夫亦既足使当世信而从之”。“著作之富”是精研古经，于道有得的体现，故而能取信于世。所以他力劝江永出山：

明先王之精意，俾当世可训行，振兴末俗。（汪绂，2002：59上）

这完全是朱熹“自明其明德，又当推以及人”（朱熹，1983：3）之教的翻版。但出乎汪绂意料的是，江永对其“明德新民”的建议毫无兴趣，故沉默不答。汪绂再去信催问，江永不得已，遂回书直表心迹云：

> 前岁腊月，接灿人足下手书，再三读之，词旨甚高，与鄙衷初不相入。足下所以箴规之者，大抵误听道途虚声，非弟之本志也。……弟于《礼》书……但欲存古以资考核，非谓先王之礼尽可用于今也。（陈祖武、朱彤窗，2005：29-30）

得此回书的汪绂只好悻悻作罢了。江永的文字里隐藏着重要的信息。按戴震所言：“贤人圣人之理义非它，存乎典章制度者是也。”这是清代考据家共有的意识，所以诸经典之中，他们对《三礼》最为用心。江永说的“先王之礼”就是“典章制度”，正是“贤人圣人之理义”所在。但他却认为这些礼并非“尽可用于今”。我们特别要留意，汪绂欲训行于当世的是“先王之精意（义）”，江永则回以“先王之礼”不可尽用于今。儒家言礼分礼义与礼节，二者之关系是“礼（节）以（礼）义起”，礼节固当代有升降，惟保持背后之礼义于不坠即可。汪绂所谓“精义”即指“礼义”而言。至于“先王之礼（节）”不可尽用于今，本自不待言者，即便最极端的复古论者也不可能要求尽复古礼，无论汪绂或江永又岂能不知。但江永却以此为说来回绝汪绂。这当然不是他不知汪绂“精义”之所指，只不过“先王之礼义不可尽用于今”这样的话不好说得出口，故转“礼义”为“礼节”以便托其辞耳。江永的真意其实是以为根本不能将“先王之精义”尽用于今来“振兴末俗”。他的话几乎是在暗中承认：儒家终身“问学扩充”所求的“理义”与现世社会所行的“礼”是不可能完全统一的，而且二者本来就应当有所分别，求道之士也没有推行考核所得之“理义”来统一这种差别的必要。这是一种典型的“自治—治人”分别处理的态度。汪绂犹在程朱矩矱之中，尚不免有推“自治”以“治人”的冲动，江永则完全自觉地把“自治”和“治人”分开了。

江永这层意思在戴震身上表现得更清楚。戴震在《与朱方伯书》的开头和末尾分别说：

> 古礼之不行于今已久，虽然，士君子不可不讲也。况冠、婚、丧、祭之大，岂可与流俗不用礼者同。
>
> 君子行礼，不求变俗，要归于无所苟而已矣。（戴震，1980：181，182）

这两句话相互之间形成一种首尾呼应的关系。首句的意思很明白，他以为“古礼”只是“士君子不可不讲”，由于在当今不可施用，“古礼”与“流俗不用（古）礼者”是不发生关系的。末句的“君子行礼，不求变俗”语出《礼记·曲礼下》：“君子行礼，不求变俗。祭祀之礼、居丧之服、哭泣之位，皆如其国之故。”郑玄《注》云：“求，犹务也。不务变其故俗，重本也。谓去先祖之国，居他国。”孔颖达《疏》谓：“虽居他国，犹宜重本、行故国法，不务变之从新也。”（十三经注疏整理委员会，2000：127上）《礼记》的原意是针对君子在空间上发生变动之后的行礼要求，现在戴震引用此语，自然是借之指出面对时代变动时君子应当如何行礼。因此他的意思完全可以化用孔颖达《疏》来表达——行古礼，不务变之从新也。“要归于无所苟”也是此意，按其《答郑丈用牧书》云：“立身守二字，曰不苟；待人守二字，曰无憾。”（戴震，1980：186）故“要归于无所苟”即指“立身”言，换言之，戴震乃视“行（古）礼”唯关乎士君子个人修养的问题。所以在“行礼”的问题上，戴震明显存在自治（立身）与治人（待人）的两面，“君子行礼”务须“不求变俗”，对待“流俗不用（古）礼者”则当守“待人无憾”之法，二者固不必同也。他的同门程瑶田在此问题上的意见也与他一般无二，按其《论学外编·杭州留别洪生受嘉赠言》云：

> 一要无俗儒气。君子行礼，不求变俗，俗亦礼也。

如其礼有明文而显悖之，村夫野叟、妇人女子行之，不以为怪；业已习儒，而同而合之，是谓俗儒。（程瑶田，2008，册1：106）

此言意思甚明："村夫野叟、妇人女子"自可依俗而行其礼，"不以为怪"，儒者则必须行儒者之礼，二者不可混同。

江永和戴震、程瑶田师徒及焦循等人的礼学观在清代考据家里是很有代表性的。张寿安教授对清代礼家和礼学做过全盘清理，指出对清代"专门礼家而言，后世因时制宜之'俗礼'，与考证古礼得出的'礼之先型'，是判然为二的"，"民生礼俗当然可以另行订定，但'不必附会古礼'"。她又分别引用胡培翚和姚际恒（1647–1715）等人的话来提示清儒考礼的精神意趣，以为"'考礼'的目的在求'礼之先型'，掌握住礼之先型才可能对俗礼进行改革"（张寿安，2005：79，82）。"对俗礼进行改革"使之与"考礼"得出的"礼之先型"相吻合，这或许仍是不少清代礼家的高远理想，但在实际层面上却是一个不可能完成的任务。[①]我们来看她所引用的

① 当然在现实允许的地方不妨依古义制今礼。如戴震《江慎修（永）先生事略状》云："先生家故贫，其居乡，尝援《春秋传》丰年补败之义语乡人，于是相与共输谷若田，设立义仓，行之且三十年，一乡之民不知有饥。"（戴震，1980：230）

胡培翚和姚际恒的两段文字。胡培翚《仪礼为人后者为其本宗服述》说：

> 此篇所述系《仪礼》之礼，非世俗之礼。……今人小宗亦为立后，虽非古礼而意在从厚，尚属可行。然欲执此以议《仪礼》，则于先圣制作之精意失之远矣。或别定为服制，而不必援《仪礼》为说可也。（张寿安，2005：78）

这表明落实到民间礼制建设的实践中，考礼之士仍只能对俗礼“另行订定”，结果是与古礼“判然为二”。姚际恒《仪礼通论》卷二《士昏礼》谓：

> 愚于是篇，凡古今异同之处，特详为辨正，不敢溺近习以疑初制，使尚论古礼者有所考焉。（张寿安，2005：82）

结果还是与江永“但欲存古以资考核”的路头一般无二。

其实，胡、姚等人考古所得的“理义”与众人所行的“俗礼”之所以要“判然为二”，也是出于考据学理念的内在限制。理学时代的宋明儒家未尝不重古礼，也很清楚真要服行古礼只有士人（而且是少数士人）才能办到。看《朱子语类》下面这段问答：

> 问："先生所谓'古礼繁文，不可考究，欲取今见行礼仪增损用之，庶其合于人情，方为有益'。如何？"（朱子）曰："固是。"曰："若是，则《礼》中所载冠、婚、丧、祭等仪，有可行者否？"曰："如冠、昏礼，岂不可行？但丧、祭有烦杂耳。"问："若是，则非理明义精者，不足以与此。"曰："固是。"（黎靖德，1986：2683）

朱熹显然是同意若要服行《仪礼》中的种种仪节，非"理明义精者"不可。在这一点上，他与戴震所言古礼唯"士君子不可不讲"可谓符同。但对理学传统中的儒者而言，古礼不能尽用于今的现实并不足以导致他们的"理义"与现实中的"俗礼"判然为二。王阳明下面这段话最能说明问题：

> 盖天下古今之人，其情一而已矣。先王制礼，皆因人情而为之节文，是以行之万世而皆准。其或反之吾心，而有所未安者，非其传记之讹阙，则必古今风气习俗之异宜者矣。此虽先王未之有，亦可以义起，三王之所以不相

袭礼也。若徒拘泥于古，不得于心而冥行焉，是乃非礼之礼，行不著而习不察者矣。（王守仁，1936，册4：2）

“道在人心”是整个宋明理学的基本理念。所以在王阳明看来，如果“吾心”对经典中所载古礼感到“有所未安”，则只能归结为要么是“传记之讹阙”，要么是因“古今风气习俗”已变。重要的是相信“得于心”的感觉，以此为最终指导。即如“三王不袭礼”的问题，只消一句“礼以义起”即可解决，而是否合“义”其实也是由“吾心”来定夺的。因此对宋明理学家而言，“俗礼”之于“古礼”自然可能是完全不同的，但只要“吾心”认可这种俗礼，则它仍旧可以与“理义”融合无间。可是清代考据家认定“道在六经”、“存乎典章制度”，则“俗礼”若不能与“古礼”合，即难与“理义”合。“礼以义起”对他们来说当然仍有原则上的正当性，但在实际操作上，“礼以义起”与“舍经而空凭胸臆”之间实只一线之隔。起礼之“义”对理学家不构成任何困难，因为他们只要“心”安即可“理”得，然而一旦放到考据家的身上，却难免使他们坠入“意见”陷阱的忧惧之中。前引胡培翚说“今人小宗亦为立后，虽非古礼而意在从厚”，所谓“从厚”其实即未尝不是一种“义”，但他并不能因此“义”而遂起新礼，仍只有要求“别定为服制，而不必援《仪礼》为说”也。因此在考据学的理念下，除非古礼不可尽用于今的现实能够改变，否则考据家的“理义”与众人的“俗礼”之间终究只能是“判然为二”的结局。

因此严格地说，通常看到的清代考据家“不问世事”的姿态并不是他们超然物外、不食人间烟火。事实上不少清代考据家照样在世俗世界从事着教化工作，只不过他们在自己问学所得之“理义”与所布于民间的“教化”之间做出了有意识的区分。他们虽希望以“礼”来教化民间，但这个施行于民间的“礼”是秉持“以情絜情”的途径，“体民之情，遂民之欲”而来；至于“问学扩充”所得之“理义”，他们则将之作为自己“立身”的要求，并无意以此为准去改变适合众人情欲的俗礼，即便它可能并不那么符合“理义”。所以我们一面发现他们关心社会秩序的重整，同时又看到他们耽心经义、远离实际，也就不足为奇了。《近思录》记宋代的程颐言曰：

> 当世之务，所尤先者有三，一曰立志，二曰责任，三曰求贤。……三者之中，复以立志为本。所谓立志者，至诚一心，以道自任，以圣人之训为必可信，先王之治为必可行，不狃滞于近规，不迁惑于众口，必期致天下如三代之世也。（陈荣捷，2007：220）

这里展现的是要使大道遍行天下的坚定信念。先圣先王之道不仅

“必可信”“必可行”，而且只此一家，绝无其他版本。同时要“致天下如三代之世”，使天下所有人皆奉从此道，这也是学者必须自任的不二志业。在宋明理学的系统里，尽管此道化行天下的程序略有不同，但无论士农工商最终都将被、也必须被同一个“道”所规范。可是在清代考据家那里，古圣贤的“理义”并不能无条件地布化于人间世界，乃至本身就应当同世间民众的实际生活保持距离，这是清代以前的儒家绝无曾有的观念。“自治”与“治人”之别是儒家的传统，但清代考据家已在这个传统之中而将此传统悄然更新了。[①]

---

① 刘广京先生在20世纪80年代就很敏锐地意识到一个问题：“就整个清代经世思想史来说，却有一个共同的问题，就是经世思想之是否合于经学义理？义理之内涵为何？经世思想与经学未能一一合拍时又如何取置？”（“中研院”近代史研究所，1984：4）本书以上所言，大体可作为对刘先生此处第一及第三问的初步解答。

四、余议：儒学社会性格的文化史意义

以上概述了宋代以降儒家处理“士人文化”和“大众文化”关系时态度的变化。事实上，上篇所说的儒学的社会性格便正是这种态度的反映。下面让我结合上篇的内容，对儒学的社会性格在一般文化史上的意义略作申述。

明中叶以前的理学家以“自治”来“治人”绝不是根源于所谓思想上的“反动”，晚明王学家坚持“治人”一面的自然人性之基础也不是出于反对儒家礼教的“进步”。站在文化史的立场看，这是宋明时代士人及大众的两种文化传统与士人的文化心态之间互动的结果。宋明理学家面对的时代文化在明朝中叶发生了显著变化。明中叶的文化变动已经得到既有研究的长期关注，研究者从思想、经济和社会风俗等方面做出了各种各样的研究与解释。撇开这些研究在具体解释上的差异不论，

总体上对当时的儒家士人来说，他们面对的是一个大众文化勃兴的局面。这个大众文化的勃兴可以用“前所未有”四字来形容，一方面说明它是一个“大”趋势，势骤面广，同时也意味着它是一个“新”趋势，明中叶以前的士人尚与之无涉。但这绝不是说此前的时代没有所谓大众文化，事实上，在宋代四民社会成形以后，“社会”的分量一直在增长，从事社会建设活动的士人也不在少数（蒙文通，2007：131-148）。惟就大众及大众的文化对士人精英群体的影响而言，明代中叶的确是一个显著的分水岭。陈来教授曾指出：

> 黄宗羲说“传至颜山农、何心隐一派，遂非复名教之所能羁络矣”，其实其中的“名教”二字并不能像通常理解的、当时通行的道德原则和价值体系，也不能因此而视颜何为反封建的平民的政治抗议。事实上，若据历史材料而体味黄宗羲的话，那么可以说，他在这里所说的“名教”实是指士大夫儒学的思想、行为方式，他的话正是代表正统儒家士大夫对于世俗民间儒者的排斥。……这里便体现出精英儒学与世俗的民间儒者在价值取向上的一些差异……颜何一派的学术与活动，的确不受士大夫儒学的自律规则的限制。颜山农的例子，在一定程度上显示出了精英文化与民间文化的紧张。（陈来，2010：470-471）

从本书的题旨出发，值得对陈先生这段话作两方面的申述。首先，颜、何一派“世俗民间儒者”的确引入了大量“大众文化”里的内容，即李贽所谓的“众人之所能行者”。实际上，晚明时代“正统儒家士大夫”在总体上也对“大众文化”采取了接引的姿态。针对“大众文化”，他们在方向上大体一致，不过在此方向上走的远近有所不同而已。但是远近的不同仍然相当重要，其结果即陈先生所说的“精英文化与民间文化的紧张”。这两种文化间的紧张态势不见于明代中叶以前——在“大众文化”尚未充分展开的时代，士人既不会感到有接引大众来学的必要，也不会感觉受到“大众文化”的挑战与威胁。所以明代中叶以前的儒家可以心无旁骛地立足于“士人文化”的立场，把士人的“自治”作为学的内容与标准。晚明的王学家则面对“大众文化”强有力的冲击，除非他们能安于“内圣”而不求“外王”，否则就不能不用心接引地位日益上升的社会大众，与“大众文化”相调和的“治人”之教由此得到前所未有的广泛认同。这一认同表现在学术上，即“圣人之道无异于百姓日用”（黄宗羲，1932，册6：72）一类观念获得无上的正确性，愚夫愚妇能知能行成为“学术正确”的前提。在此语境下，儒家“治人”的方便法门终至变成士人自己的“初学入德之门”了。宋明理学家分别侧重在不同的文化系统上，并以之为“善”的根据推而欲“善与人同”，他们“求同”的社会性格的文化史意义即在于此。

与此同时我们又必须立刻以陈先生言中所及的另一点来作一补充：即便晚明王学尤其泰州一派儒者对其时的“大众文化”大量援引，以至形成“以治人自治”之势，但绝“不能因此而视颜、何为反封建的平民的政治抗议”。这一点我们只要一瞥其时“平民”学者深层的价值取向即可见出。按万历间诸人所辑《乐吾韩先生遗事》有云：

> 嘉靖十二年（1533），朱光信（今按，韩氏启蒙师）先生见其笃学力行，嘉其志，引先生至安丰谒王心斋先生。时心斋大倡理学，门下皆海内名贤。先生布衫芒履，周旋其间，众不加礼，不得列坐次，惟晨昏供洒扫而已。然先生卓然自立，不苟笑语。时门下士有笑其蓑衣为行李者，先生题诗壁间曰：“随我山前与水前，半蓑霜雪半蓑烟。日间着起披云走，夜里摊开抱月眠。宠辱不加藤裸上，是非还向锦袍边。生来难并衣冠客，相伴渔樵乐圣贤。”心斋见诗，问知为先生，顾其子东崖曰：“继吾道者，韩子一人而已。”制儒巾深衣，以诗赠之曰：“莽莽群中独耸肩，孤峰云外插青天。凤凰飞上梧桐顶，音响遗闻亿万年。”（颜钧、韩贞，1996：190）

韩贞出自一个世以制陶为业的底层家庭，是名副其实的平民大众。当他周旋于名士之间，处于“众不加礼，不得列坐次”的情况下，却能够“卓然自立”，这是其学力之强、心力之坚的充分展现。他题诗自表心迹，说不喜“衣冠客”而乐与“渔樵”游，故能不受“宠辱”“是非”的打扰。可是得知他心思的王艮却偏以“儒巾深衣”相赠，正是欲使之为“衣冠客”也。再观韩贞此后举动，亦颇自以“衣冠客”为尊：

> 嘉靖十四年（1535）春，辞心斋先生归。儒巾深衣，众皆笑齐狂。
>
> 先生曾舟行适他，刺舟者误以缆堕其巾入水中。（颜钧、韩贞，1996：190，195）

可见他生活中完全是“儒巾深衣”不离身，已自入“衣冠客”行列矣。王学以人皆可为圣贤为其基本理念，可谓大道面前人人平等。韩贞这类平民学者能够得遂所学，正是拜这种平等理念所赐，但得传此学的结果却恰恰是获得了一种针对此前的不平等的地位。王、韩师徒二人都是晚明“民间儒者”的代表，而其一瓣心香则终在“衣冠客”的“士人文化”。这充分表明“士人文化”的传统在其时仍然占据着正统地位，“大众文化”孕育出来的学者仍然要主动地走入这个正统文化之中。因此所谓晚明“大众文化”的勃兴，其意义绝不是要同处于正统地位的“士人文化”唱反调，而不过是希望在原有的基调上增添若干新的或修正若干旧的音节，从而使自己也得以成为这道主旋律的创作者和演奏者。

事实上，此下清代考据学“存异”性格的成长就是以“士人文化”的严肃重整为根本出发点的。清代考据家的“存异”表现为他们将“自治”与“治人”有意识地区别处理。这种区别处理落实到文化心态上即是一种针对“士人文化”与“大众文化”的平等的眼光。所谓“平等”当然不是指两种文化在价值上无高下之分，而是从“物之不齐，物之情也”的事实出发，对两种文化各自的价值予以分别的承认。[①]焦循说：

> 人各一性，不可强人以同于己，不可强己以同于人。有所同，必有所不同。此同也，而实异也。……斯君子所以不同也。惟不同而后能善与人同。（严寿澂，2008：199）

---

① 严寿澂已经指出：“理堂（焦循）深信孟子所说‘物之不齐，物之情也’，曰：‘惟其不齐，则不得执己之性情例诸天下人之性情，即不得执己之所习学例诸天下人之所习学也。’所强调的是人与人之间性情、习尚等的‘不齐’，重在各个人或不同人群的差异性，与现代多元主义着眼点相同。”（严寿澂，2008：191）焦循的观点与现代多元主义有何异同，尚不易言。惟焦循所重视的不同“人群”之间的差异，其实也就是不同文化之间的差异。

宋明理学家讲“善与人同”，皆直奔一个“同”字而去，焦循则以为此“同”必当见于“不同”之中。这不啻是儒家在修己治人上的一个大翻转，清儒“文化平等”的眼光也在其中得到充分的体现。

所以从整体的文化史的角度看，儒学社会性格的变化是与时代文化环境及由此而来的士人的文化心态息息相关的。换句话说，这一变化是在士人与其所处的时代文化的互动中产生的——晚明以降的儒家处在一个连续的文化大背景中，其总体特征是“大众文化”对“士人文化”发起冲击，双方呈现出一种紧张的态势，儒学的社会性格正是在士人与这种紧张的时代文化的互动中改变的。

结 语

对明清之际儒学的社会性格及其背后儒家社会建设路径的变化做了较为详细的清理后，我希望在此基础上对明清之际思想史的转折给予一个综合的说明。何以谓综合呢？正如引言里提及的，既有研究已经为我们观察清代思想史提供了诸多不同的视角与线索。它们之间自然可以相互补充，但也难免出现相互冲突的现象。这既充分说明了清代思想史的复杂性，其实也在暗中提示了观察清代思想史的新视点。一个最基本的问题就是：究竟应当如何评估明清儒学之间的关系？

考据学毫无疑问是清代学术的主流，它表征着清代儒学相对于明代心学的重大转向，几为世所公认。但若干日本学者在其特别的视角下又看到了另外的一些面相。他们看重的是明代中叶以来王阳明的心学。以岛田虔次和沟口雄三为例，在他们看来，明代中叶以降的中国思想，其实大体都是王学的继续与展开。岛田以王学左派，特别是泰州学派的李贽为中国近世思想的高峰，以此为视点来寻找明清思想的连续性。沟口也说他的“立论虽和岛田氏的相异，但其实大体上和岛田氏的相同，即在思想史上无妨将阳明学看作近代的远的渊源”。特别是沟口，他不拘泥于所谓“学派”的限制，而是出入于不同学派人士的思想内部，拈出诸如理、欲、公、私等共有的观念来察其流变。比如他通过观察晚明到清中叶儒者内部“克己解”（指对《论语》“克己复礼”四字的解释）的变化，为我们勾勒了一条“从明代后期的阳明学到清代中期的戴震学这一期间的思想史的展开”的线索。所以岛田尚以为王学尤其是李贽的思想在明末以后遭受了“挫折”，而沟口则发现，虽然他们在明末以降始终被视为异端，但他们的“思想、行为的真髓却被历史地继承下来了”（沟口雄三，2005：45，274，34；岛田虔次，2005）。日本学者的这种看法虽然在不少具体的地方犹待商量，但就整体而言，他们从“义理”方面看到的明清思想的连续线索却是不容否认的。[①]

---

① 本段所述岛田与沟口的情况甚简略，稍详细的介绍参看张循《明清之际连续着的基础构造——读岛田虔次〈中国近代思维的挫折〉和沟口雄三〈中国前近代思想的演变〉》（张循，2010：135-142）。中国学者如冯友兰（冯友兰，2000：302）、严寿澂（严寿澂，2008：142）也曾指出明清儒学在“义理”上的连续性。

这种连续性从学术外缘的一面同样能够体会得到。余英时教授认为，由于内在和外缘两方面的原因，十五、十六世纪的儒学出现了一次重大的转向："大体言之，这是儒学内在动力和社会、政治的变动交互影响的结果。以外缘的影响而论，特别值得注意的是'弃儒就贾'的社会运动和专制皇权恶化所造成的政治僵局。这二者又是互相联系的：前者以财富开拓了民间社会，因而为儒家的社会活动创造了新条件；后者则杜塞了儒家欲凭藉朝廷以改革政治的旧途径。这两种力量，一迎一拒，儒学的转向遂成定局。"（余英时，1998：60）儒学的此次转向体现在诸多方面，就其"外王"一面的新动向而言，则是从此前"得君行道"的上行路线转向了"觉民行道"的下行路线。王阳明将"道"最终依托在每一个人的内心，正是人人自治而终至天下治的理论根基，王学兴起的政治意义实寄托于此。"概括言之，明代理学一方面阻于政治生态，'外王'之路已断，只能在'内圣'领域中愈转愈深。另一方面，新出现的民间社会则引诱它调转方向，在'愚夫愚妇'的'日用常行'中发挥力量。"①(余英时，2006：43)余先生之所言是极富启示性的论断。他的系列研究以"理学"为对象，故所言下及明末而止，但他的这个转向模式显然在此下的清代部分埋伏了一层未尽之意：无论是商业财富对民间社会的开启还是皇权专制造成政治僵局，清代与明代相比都极为相似，就整体趋势而言，甚至可以说清代就是明代的翻版。如果王学在明代是在这样的外缘形势中才得以大行其道，那么就很难想象王学在形势相类的清代竟会真的销声匿迹。观察学术外缘时所逼出的这条明清思想连续性的线索，同日本学者经由儒学观念的考察所得到的结论正相呼应。

因此我们可以说，在学术风格上，"尊德性"的明代心学与"道问学"的清代考据学的确是迥然不同的，可是在儒学义理的诸多方面，二者又"在思想史的一个脉络之中完成了继起性的展开"。这个有些吊诡的事实应当如何理解呢？沟口雄三已经注意到这一问题，但他并没有着意深究，因为他感到"在我们之间还没有确立综合地掌握这一事实的视点"(沟口雄

① 在余先生之前，陈泉已经从政治角度解读王学并得出与"觉民行道"类似的看法(陈泉，2000：65–72)。另外，余先生分别以"得君行道"和"觉民行道"来概括宋、明两时代的理学的政治取向，在宋、明相对而言的情况下是可以成立的，但不能将之绝对化。宋儒未尝没有教养民间之举(蒙文通，2007：131–148)；明儒也仍存格君心之望，所以王阳明会说"今日所急，惟在培养君德"(王守仁，1936，册9：25)，罗汝芳甚至"自壮及老，尝梦进讲君前"(罗汝芳，2007：303)。

三，2005：315，36）。今天如果我们希望清代思想史的研究向前有所突破，而不再继续拾前贤牙慧，恐怕“确立综合地掌握这一事实的视点”就要成为一项紧要的任务了。在这方面，儒学社会性格的视角也能为我们提供有益的解释线索。

晚明上海县人陆楫（1515–1552）在其《蒹葭堂杂著摘抄》中有一段论述奢侈的正面价值的文字，从20世纪50年代起，受到了研究者的持续重视。该段文字的要义如下：

> 论治者类欲禁奢，以为财节则民可与富也。噫！先正有言：“天地生财止有此数。”彼有所损，则此有所益，吾未见奢之足以贫天下也。自一人言之，一人俭则一人或可免于贫；自一家言之，一家俭则一家或可免于贫。至于统论天下之势则不然。治天下者将欲使一家一人富乎？抑亦欲均天下而富之乎？予每博观天下之势，大抵其地奢则其民必易为生；其地俭，则其民必不易为生也。何者？势使然也。今天下之财赋在吴越。吴俗之奢，莫盛于苏杭之民。……盖俗奢而逐末者众也。只以苏杭之湖山言之：其居人按时而游，游必画舫、肩舆、珍馐良酝，歌舞而行。可谓奢矣。而不知舆夫、舟子、歌童、舞妓仰湖山而待爨者，不知其几。故曰：“彼有所损，则此有所益。”若使倾财而委之沟壑，则奢可禁。不知所谓奢者，

> 不过富商大贾、豪家巨族自侈其宫室、车马、饮食、衣服之奉而已。彼以粱肉奢，则耕者、庖者分其利；彼以纨绮奢，则鬻者、织者分其利。正孟子所谓通功易事，羡补不足者也。上之人胡为而禁之？若今宁、绍、金、衢之俗最号为俭，俭则宜其民之富也。而彼诸郡之民，至不能自给，半游食于四方。凡以其俗俭而民不能以相济也。要之，先富而后奢，先贫而后俭。奢俭之风，起于俗之贫富。……长民者因俗以为治，则上不劳而下不扰。欲徒禁奢，可乎？呜呼！此可与智者道也。（杨联陞，1998：140–141）

这段为奢侈正名的文字显然包含着重要的历史信息。就既有研究来看，虽然不同研究者的观察角度和理论出发点多有差异，但大体皆看重陆楫阐述“奢的社会功能”这种近似于鼓励消费的颇为“现代”的意旨，并指出这种论调的出现与晚明社会经济的成长密切相关。这种解读毫无疑问是相当有道理的，确是陆楫言中应有之义。然而此文中的重要信息固不止于此。杨联陞早在其1957年发表的《侈靡论》一文中就已指出：“本文值得重视之处在于它将个人和一家一姓的利益与社会整个的利益加以分别处理。显然这位作者体会到逻辑上所谓‘构成之谬误’（‘fallacy of composition’），也就是说对于个别个体为真的东西，对其全体而言不一定为真；反过来说，对全体为真的东西，对个别的个体而言也未必为真。”（杨联陞，1998：139）这是一个锐见。事实上，晚明到清初为奢侈或富人正名的文字所在多有，其作者享有的名声也多在陆楫之上，杨先生却郑重其事地选中陆楫的文字译介给西方学者而不及其他，或者即是因为此文中的这层其他作者未尝明言的“值得重视之处”。杨先生的观察主要基于陆楫文中“自一人言之，一人俭则一人或可免于贫；自一家言之，一家俭则一家或可免于贫。至于统论天下之势则不然”一段。而陆楫之所以产生这样的观念，毫无疑问是当时社会经济发展的结果。社会大众一面的突飞猛进使他不能不对“大众文化”里的若干基本价值予以正面的肯定。清初魏世傚（1655-？）《奢吝说》：“奢者之靡其财也，害在身；吝者之积其财也，害在财。”（林丽月，2005：253）晚清魏源（1794-1857）亦谓：

> 俭，美德也；禁奢崇俭，美政也。然可以励上，不可以律下；可以训贫，不可以规富。……以俭守财，乃白圭、程郑致富起家之计，非长民者训俗博施之道也。（魏源，1983：73）

也是个人利益与社会利益应加以区别的明确表达。这足以证明孕育陆楫这种观念的文化生态是晚明以降的一个连续背景。

对儒家社会性格的变化而言，陆楫这种观念具有“除旧”与“布新”两方面的意义。在“除旧”的一面，它扭转了明中叶以前儒家“以自治治人”之势。此点我们只要对比明朝中叶之前的儒者在相关问题上的看法，就能立刻体会得到。《明儒学案》卷四十六《诸儒学案》陈真晟（1410—1473）《答周公载》：

> 夫学一也，岂有道、俗之分，所以分者，在乎心而已矣。故志乎义则道心也，志乎利则俗心也。以道心而为俗学，则俗学即道学；以利心而为道学，则道学即俗学。只在义利之间而已矣。惟在朝廷则不然：朝廷风化攸系，故以道学鼓天下，则天下皆道学而义风盛；以俗学鼓天下，则天下皆俗学而利习炽。此程朱所以皆欲朝廷革俗习而崇义方，有以也。（黄宗羲，1932，册9：24）

陈真晟对朝廷的期待与程朱一般，要“革俗习而崇义方”，与个人修养一样以“道心”为准绳，较之陆楫倡导的“长民者因俗以为治”正好相反。黄宗羲说：“（《诸儒学案》）上卷则国初为多，宋人规范犹在。”（黄宗羲，1932，册8：95）所言正是陈真晟一辈。南宋真德秀（1178—1235）的《西山读书记》说：“义利之辨大矣，岂特学者治己之所当先，施之天下国家一也。”（林文勋，2011：291）把“治己”的标准“施之天下国家”，这就是陈真晟所模拟的“宋人规范”。

至于“布新”的一面，则意义甚显。现代研究者提及陆楫的个人利益与社会利益相区别之意时，常常将之与18世纪旅居英国的荷兰学者曼德维尔（Bernard de Mandeville）的《蜜蜂的寓言——私人的恶德，公众的利益》相互比较，论旨仍大体皆归结到“经济”或“消费”的领域，发掘其中体现的“传统”向“现代”转化的信息（傅衣凌，2007：318-319；陈国栋，1999：44-61；余英时，1998：85-92）。这些观察毫无疑问都有充分的价值，不过如果我们撇开“经济”和“现代”的指向，回到传统中整体的儒家文化上来看，可以发现陆楫的文字很清楚地表达出：崇俭是个人道德修为的应有之义，而从大众经济生活的角度看，崇奢更有利于国计民生。此意若稍作引申，则可以说：士君子的个人德行践履与社会大众的世俗风尚之间本即应有区别。这一引申在内涵上已超出陆楫单纯的奢、俭论述，但我们仍可以有把握地说，它并未脱离传统儒者的文化背景和思想脉络——其言正是儒家“自治—治人”分别原则的一种具体表达。

晚明时代，面对奢侈这种世俗大众追求的价值，士人阶层已不能不对之予以足够的肯定了。这提示了晚明以降社会经济全面发展所带来的“大众文化”上升的趋势。本书之所以提及陆楫的言论，其目的即是要指出，“自治”与“治人”这条儒家观念上的变化，就是因缘于这样一个经济文化变动的大背景。回到思想的领域，我们也可以清楚地看到为因应这种文化生态而提出的“陆楫式”的响应。李贽《答邓明府》中的这段文字值得我们细细体会：

> （余）间或见一二同参从入无门，不免生菩提心，就此百姓日用处提撕一番。如好货，如好色，如勤学，如进取，如多积金宝，如多买田宅为子孙谋，博求风水为儿孙福荫，凡世间一切治生产业等事，皆其所供好而共习，共知而共言者，是真迩言也。于此果能反而求之，顿得此心，顿见一切贤圣佛祖大机大用，识得本来面目，则无始旷劫未明大事，当下了毕。此余之实证实得处也，而皆自余好察迩言得之。……且余之所好察者，迩言也。而吾身之所履者，则不贪财也，不好色也，不居权势也，不患失得也，不遗居积于后人也，不求风水以图福荫也。言虽迩而所为复不迩者何居？愚以为，此特世之人不知学问者以为不迩耳，自大道观之，则皆迩也；未曾问学者以为迩耳，自大道视之，则皆不迩也。然则人人各自有一种方便法门，既不俟取法于余矣；况万物并育，原不相害者，而谓余能害之，可欤？（李贽，1975：40–41）

所谓“迩言”，语出《中庸》“舜好问而好察迩言”句。朱熹注谓：“迩言者，浅近之言。”（朱熹，1983：20）李贽常以“浅近之言”诱人入道，这在不少士人看来完全是“害人”。对此指责李贽看似不予理睬，依然我行我素，其实私下未必不耿耿于怀，他的《答邓明府》一篇即专为解释自己“好察迩言”的真实用意而作，其言之出自衷心是无可怀疑的。之所以能如此肯定，是因为他的“言虽迩而所为复不迩”完全可以得到时人的旁证。唐伯元（1540–1597）《答刘方伯》云：“李卓吾道人名震湖泽之上，颇闻其旨主不欺，志在救时，可为独造。独其人似过于方外，寡渊默之思，露刚狭之象，未言化俗，先碍保身。”（黄宗羲，1932，册8：83）焦竑《题杨复所先生语录》亦云：“当是时，温陵李长者与先生狎，主道盟，先生如和风甘雨，无人不亲，长者如绝壁巉岩，无罅可入。”其《李氏藏书序》又谓：“先生高迈肃洁，如泰华崇岩，不可昵近。”（焦竑，1999：901，1180）如此李贽确可谓“所为复不迩”。又钱谦益《陶不退阆园集序》云：

> 余少读李卓吾之书，意其所与游者，必皆聪明辨博、恢奇卓诡之士。已而识新安方时化、汪本钶于长安，皆卓吾高足弟子，授以《九正易因》者也。时化一老明经，斤斤为文法吏，褒衣大带，应对舒缓。本钶朴遬腐儒，偶

坐植立，如土木偶。是二人者，与之游处，求其为卓吾之徒而不可得也。公安袁小修（中道，1570–1626）曰：“卓吾之平生，恶浮华，喜平实。士之矜虚名，衒小智，游光扬声者，见则唾弃之，不与接席而坐。观其所与，则卓吾可知也。”余闻小修言，复与二人者游，乃知为卓吾之徒。久之，如见卓吾之声音笑貌焉。同年生姚安陶珽，字不退，少有志于问学，游卓吾之门而有得焉者也。……余与不退游甚狎，始知卓吾之所与，皆方、汪也，如小修云。（钱谦益，1985：917–918）

这里所描绘的李贽面貌与唐、焦等人所见者亦复不殊。李贽亦尝自谓：“近溪（罗汝芳）外面极热，心却冷；我外面极冷，心却热。……我性不喜流俗人，见流俗人避之惟恐不早，此处却冷；然我遇可人，吐心倾胆，实实以豪杰待他，此处却热。”（厦门大学历史系，1976：16–17）这也确是袁小修眼中李道人模样。从上引《答邓明府》中我们也可以清楚地看到，自“迩言”入道是李贽给“一二同参”在“从入无门”时提供的“方便法门”，他自己“身之所履者”则是完全“不迩”的。这是一种自觉地区别“自治”与“治人”的处理方式。李贽感到所谓“迩”与“不迩”只具有相对的意义，若“自大道观之”，则根本就没有什么“迩”与“不迩”的分别。换言之，在“大道”面前无须执着于“迩”或“不迩”，反过来说，“迩”与“不迩”这种相对区别的存在本身也就是“大道”之中的应有之义，正所谓“万物并育，原不相害”也。

就结构上看，它仍脱胎自宋儒的“理一分殊”之论，但其内涵已迥然不同。“好货”“好色”也可以证道，这只有晚明的王学家才说得出来，绝难出自宋代理学家之口。对宋儒而言，这样的“分殊”早已超出“理一”的限制了。明代中叶之前是“士人文化”的传统一家独大的时候，“好货”“好色”一类大众的情欲想要获得正面评价尚是一件不可思议的事情。晚明社会经济的全面发展打开了民间社会，“大众文化”的地位获得极大提升。面对“大众文化”的挑战，士人的表现是既迎且拒，既已身预其中又想置身事外。这就是岛田虔次看到的——中国近世以来的士大夫精神里同时存在“士大夫意识”和“庶民性的能量”，“一方面士大夫在实质上与庶民的界限缺乏明判”，另一方面他们又“要自然而然地维持另一个原理”——“把自己作为与庶民不同的人来维持”。总体上，“庶民性的抬头，是近世以来的大趋势”，至明代则“达到了其最高潮”，而“导致这种事态发生的是所谓‘物力’的力，商业之财富的力”，士大夫中的“庶民性能量”就是随此而来。也就是说，“这是士大夫存在本身的内在矛盾——世运的升平与物力的丰裕难以蔽盖这种矛盾而使之呈露出来，心学运动就是这种矛盾的表现”（岛田虔次，2005：121，125，135，139）。所以归根结底，李贽的“方便法门”是应晚明时代“大众文化”的要求而打开的。下及明清之际，一方面“大众文化”带来的冲击渐趋平复，同时受到明亡清兴的巨大刺激，“士人文化”重新振作，与“大众文化”平流并进。清代考据家正是承此时代文化的局面而出其“自治”与“治人”分殊的因应之道，两种文化在他们手上终成二水分流之势。

总结地说，儒家社会性格中“存异”的倾向虽在晚明已经抬头，但其时儒者有意识的倡导毕竟偏在“求同”一边，直到清儒方才自觉地说出“惟不同而后能善与人同”的话来。这种容纳“迹”与“不迹”之相对区别的“大道”精神，成为儒家应对晚明以降社会经济剧变的思想资源，逐渐酝酿成熟“存异”的社会性格，以重新绾合“内圣”与“外王”的两翼。“内圣”的一面经过数十百年移形转步而以考据之学收场，明清儒学的转折一面尽现于此。但在“外王”的一面，清儒却在暗中与王学一鼻孔出气：“存异”的儒学性格虽不否认天下“同归”于道的远景，但实际操作中却强调明道之士人与一般大众的“殊途”，即所谓“自治”与“治人”之别——士人必须坚持践履儒家的理想；面对一般大众时则要根据现世实际对理想的标准斟酌损益，“以情絜情”以求不拂人之常情。晚明以降的儒者处在一个连续的文化大背景之中，无论在政治还是社会经济上都面临着大体相似的环境，因此他们的“以情絜情”在方向上也每每趋于一致。正是在这一“治人”的层面里，面貌迥异的明清儒学却“在思想史的一个脉络之中完成了继起性的展开”。[①]明清儒学既转折又连续这个近世思想史上的巨大吊诡，其间或冲突或协调的各种线索，在儒学社会性格转变的视角下，大体可以得到一个较为稳妥的安排。

以文化史的眼光看，清儒严分“自治”与“治人”的社会性格因应于晚明以降新兴的“大众文化”和传统的“士人文化”之间的紧张。它不仅上有所承，而且下有所继。本书所述虽至清代中叶为止，事实上，严分“自治”与“治人”的态度此下还续有进展。章太炎《国学概论》中有云：“理，仿佛是目的地，各人所由的路，本不能尽同，所见的理，也必不能尽同。”（王汎森，2012：128）按“各人所由的路本不能尽同”是前此清儒已见及处，毕竟还有一个共同的“理”存在；至于“所见的理也必不能尽同”，则是太炎更进一层的意思，一个共同的“理”，亦即“道”也被取消了。诚如王汎森所言，“《论语》中讨论忠恕，消极的意义是‘己所不欲，勿施于人’，积极的一面是‘己欲立而立人，己欲达而达人’。但

① 正如章太炎所言：“阳明，子房（张良）也；东原，萧（何）、曹（参）也。其术相背，以用世则还相成也。”（章太炎，2000：101）这也是说明儒和清儒在“内圣”上“相背”，在“外王”上却“相成”。

章太炎所同意的‘忠恕’之道显然与传统儒家有异，‘己所不欲勿施于人’固为他所同意，但‘己欲立而立人，己欲达而达人’却不为他所接受，……己所不欲，勿施于人，己所欲，亦不可施于人”，否则就会有“持自己的‘理’或‘标准’以约束他人”的危险（王汎森，2012：167–168）。王汎森指出太炎这种“以不齐为齐”的思想是混合佛学唯识论和《庄子》齐物论而来，同时还有针对西方文化扩张的当下动机。现在我们还应该看到，清儒严分“自治”与“治人”的社会性格显然也是太炎思想的来源之一。王夫之已经说过：

> “己欲立而立人，己欲达而达人”，是仁者性命得正后功用广大事。若说恕处，只在己所不欲上推。盖己所不欲，凡百皆不可施于人，即饮食男女，亦须准己情以待人。若己所欲，则其不能推与夫不可推、不当推者多矣。仁者无不正之欲，且其所推者，但立达而已。文王固不以昌歜饱客，而况未至于仁者哉！（王夫之，1975A：107–108）

王氏尚认为“仁者无不正之欲”，故可以“己欲立而立人，己欲达而达人”，但也仅限于立、达两方面而已。其他“未至于仁者”则“只在己所不欲上推”即可。此见在方向上与章太炎全同，不过太炎在此方向上较之清儒者已走得更远，终至完全突破传统儒学的樊篱了。

中国近现代思想文化的研究者常常引用胡适记述的傅斯年的一句话："我们的思想新，信仰新；我们在思想方面完全是西洋化了；但在安身立命之处，我们仍旧是传统的中国人。"（余英时，1998：158）这是一方面宣传新思想、新信仰，一方面又在旧传统中安身立命，相当到位地展现了身处文化转折时代的人内心的冲突。排开冲突的程度不论，就冲突的形式而言，几乎可以完全移用到晚明以来的儒者身上。这种新、旧文化的更替冲突自晚明已发其端，并日渐加速，流衍至今不仅犹未消歇，而且变得更快更剧。观察清末以降的中国近代思想文化变迁时，我们常常为社会现象中的"新"与"旧"或人事心态上的"后辈"与"老辈"间的急速更替而感到惊异，事实上，类似的趋势正自晚明发其端。吕坤《呻吟语》卷二：

> 今也在朝小臣藐大臣，在边军士轻主帅，在家子妇蔑父母，在学校弟子慢师，后进凌先进，在乡里卑幼轧尊长。惟贪肆是恣，不知礼法为何物。渐不可长，今已长矣。极之必乱，必亡。势已重矣，反已难矣。（吕坤，2008：701）

从吕坤势重难返的观感来看，其时这类现象已非偶然。令人感兴趣的是其中子妇蔑父母、弟子慢师、后进凌先进和卑幼轧尊长一类事情，这与近代以来新、旧文化冲突更替之下呈现的状貌何其相似！其时后辈和老辈之间的“代沟”也甚为显著。黄宗羲《陆文虎先生墓志铭》：

> 乙亥，上以祖陵震惊，下诏罪己。……先生以为此消长之会也，与钱虞山曰：“古人叹神农、虞夏之不可作，某谓何必黄、虞，当今目中欲再见隆、万之际士庶风物，已不可得，然则士大夫胸中，断不可仍作当时缙绅受用之想。”（黄宗羲，1959：159）

陆符生于万历二十五年（1597），尚亲见隆、万末年风流，故作是语。可是比他年轻十六岁的顾炎武则完全没有这一层顾忌，其《三朝纪事阙文序》谓：“先帝即位，天下翕然，以为中兴更化之主，无复向时危迫之意。以臣益长，从四方之士征逐为名。”（顾炎武，1983：155）顾炎武“从四方之士征逐为名”的行为，正坠陆符“仍作当时缙绅受用”的批评之中。与顾炎武同辈的黄宗羲《黄复仲墓表》云：“丧乱以来，……名士之风流、王孙之故态，两者不可复见矣。”（黄宗羲，1959：118）可知在黄宗羲心目中，崇祯季年也是一个名士风流的黄金时代。但鼎革以后，顾、黄一辈人又很快被“少年后进”所蔑弃。黄宗羲《查逸远墓志铭》：

> 桑海之后十有余年，余复至杭，……一时被绮绣、戴朱缨宝饰之帽，烨然若神人之少年，蔑视老生，不容讬末迹于其间。（黄宗羲，1959：175）

又《诸硕庵六十寿序》：

> 当崇祯初，……坊社名士，标榜习气，至为细故，使今日而缚腰扎脚，重将卷轴，与后进争名，岂可复得。（黄宗羲，1959：504）

是故明清鼎革的剧变，又使得士风习气一时如两重天，顾、黄一辈已自感如明日黄花了。此后有清一代之学风，所谓“以复古为解放”，其面貌正如梁启超的名言：“本朝二百年之学术，实取前此二千年之学术，倒影而缫演之。”（梁启超，2001：133）两千余年的学术思想竟在两百余年的时间里全部倒演了一遍，可见清代学风新、旧之变化有多么迅猛。下及近代西方各种“新文化”输入，新、旧和后辈与老辈之间急速轮替，文化变迁之势继长增高，流衍至今仍不能见其将伊于胡底。故就此意义上说，这一长时段里的知识人是处在一个连续的文化变迁过程之中，虽然他们面临的文化之新、旧的具体内容各有不同，但晚明以降儒家逐渐酝酿成熟的区分“自治”与“治人”的社会性格，显然成了他们处理各自面对的文化冲突时的一个共同思想资源。

附录

明清思想史“连续着的基础构造”
——读岛田虔次《中国近代思维的挫折》和沟口雄三《中国前近代思想的演变》

钱穆曾认为，“西方人似乎较不重历史”，直到“现代国家兴起，绵历了一段稍长时期，才各自注重到他们各自的历史”。然而因为“种族地域各不同，在历史上相互之间固不能无牵涉，但终如秦越人相视，饮饱肥瘠不相关。……因此西方人读历史，多出于一种好奇心、求知心，与其研究自然科学之兴趣无大异”。而“中国人读中国史，则随附着一番对于其自己民族生命之甚深情感”，因为“中国人重视历史，在其文化传统中有极深极厚之文化渊源。故在中国人心中，无不抱有一番深厚的历史情感”（钱穆，1999：1017）。西方人读欧洲史尚“多出于一种好奇心、求知心”，那么他们读中国史时自然就更是不带情感的局外人了。

我最近读了两部日本汉学家讨论中国“（前）近代思想”（实即明、清思想）的著作，岛田虔次（1917–2000）的《中国近代思维的挫折》和沟口雄三（1932–2010）的《中国前近代思想的演变》。很有趣的是，我发现如果按照上述钱先生对中西史学的评价来看，那么岛田和沟口的例子就显示出，日本汉学家研究中国史的态度和感受，似乎正好处在中西之间。

沟口专门为其书的中译本写了一篇《致中国读者的序》，特地申明说：“我衷心希望中国知识界的众位先生们理解，我们外国的中国学家研究中国，决不仅仅是出自个人兴趣和对中国的爱好，而是以完成人类的课题为目的的。请和我们共同分担这个责任吧。”他对中国学人的这一邀请颇为有意思地透露着一种“东道主”似的意识。而他所说的“人类的课题”，则是希望“把中国思想中形成深厚传统而蕴积的仁爱、调和、大同等道德原理作为人类的文化遗产而提示于世界人类”，“从而面向为回答21世纪的课题而构筑新的原理”（沟口雄三，2005：5）。他对中国文化所寄予的这份希望，其殷切程度实在让他显得比不少中国人更“中国”一些。这种研究中国史的动机显然与西方人的“好奇心、求知心”不可同日而语。不过转念一想，沟口对中国文化所抱的充分信心，恰与自晚清以降文化自信力大挫的中国学人形成了强烈的对比，就此而言，似乎他的“中国化”又正好提示了他毕竟不是一个中国人。

岛田比沟口更明朗地表达了他对中国文明的一种“感情”。他认为“中国文明，特别是对儒教文明”，“具有可以像中国绘画那样所直接地表现出来的那种优越的先进性，要把这种先进性否定掉”，他的“感情是无论如何也不允许的”，因为他“抹不掉对中国文明、儒教文化以及它那具有深厚根基的文化之深深的敬畏之念”（岛田虔次，2005：179）。然而更能体现日本学人对中国文化毕竟稍隔一层的也是岛田。他说他“曾经在漫读阮元的《畴人传》时，对于那些接触到西洋科学的儒家不肯虚心地折服西洋科学的精妙，或说我们中国‘古已有之’，或说‘礼失求野’这种彻底夸耀中国学术之优越性的态度，不由得大吃一惊”（岛田虔次，2005：209）。清代儒家这种“万物皆备于我”的情绪，对经受过晚清以来历史洗礼的中国学人来说实在已是见惯不惊，而且心领神会的。但岛田的反应是“大吃一惊”。他的一惊也不由得让我一惊，猛然感悟到东洋人毕竟还是东洋人，他们对中国的诸多文化传统的理解终究有一间未达，对中国知识人的某些特殊心态也难以获得“了解之同情”。

按照“正常”逻辑，处于中西之间的日本汉学家针对中国历史的观察眼光与思维方式，较之西方汉学家而言，应该与中国学人更为相近。也许在若干问题上的确如此，但这种情况并不能推及一般。至少在岛田和沟口所讨论的“中国（前）近代思想”这一特定问题上，中国学人的主流思路就与他们大相径庭，反而同西方汉学家的看法颇为接近。

在发掘中国“近代思想”时，中国学人通常看重清代汉学，因为讲求实据、倡导客观考证的清代汉学展示了一种有似于“科学”的精神，而“科学”显然体现着典型的“近代性”。西方汉学家的观点与此相近，专研明、清思想史的美国汉学家艾尔曼（Benjamin A.Elman）可为其代表。艾氏认为“17、18世纪，儒学话语出现了一种向知识主义的转变”，他的名著《从理学到朴学》（*From Philosophy to Philology*），其题目本身就在宣示这种转变。又据他说，“1917年，胡适在哥伦比亚大学撰写学位论文时，自视为激进分子。他声言：‘我相信，中国哲学的前途取决于是否摆脱儒家道德理论和信条的束缚。’后来，他才发现，清代先行者业已为他摆脱这些束缚准备了条件”（艾尔曼，1997：254，255）。事实上，艾氏在他的书中援引胡适的例子也就表明，“清代先行者业已为他摆脱这些束缚准备了条件”不仅是胡适的“发现”，同样也是艾氏自己的“发现”。所以他的这段文字恰到好处地展现了中西学人观察中国“近代思想”时所共同具有的“科学”的眼光。在这种眼光下，中国“近代思想”的特征无疑应该往清代汉学里面去寻找。[1]

岛田和沟口所代表的东洋眼光却与此迥异，他们看重的是明代中叶以来王阳明的心学。沟口说他的“立论虽和岛田氏的相异，但其实大体上和岛田氏的相同，即在思想史上无妨将阳明学看作近代的远的渊源”（沟口雄三，2005：45）。换言之，明代中叶以降的中国思想，其实大体都是王学的继续与展开。他们何以会如此重视王学？通过岛田的一段慨叹可以发现，王学在中、日两国的不同遭遇应该是原因之一。岛田说：

> 一般认为，阳明学发展至其末流，便堕落于空疏的概念游戏，即所谓的“玄学”之中，而被其浸润的士大夫，则陷入无气力、无理想的境地，结果就发展成为被称为“心学横流”的社会弊病。阳明学就是这样被论定的。更有甚者，心学还被咒骂成是明朝社稷之所以灭亡的根源。被我国所移植的阳明学，倒是一直以很高的评价受到关注，甚至还被看成是明治维新的一个精神推动力。把

① 不过必须补充的是，虽然艾尔曼着力强调清代汉学的重要性，却也并未将宋明以来的理学完全置之不顾。他曾表示，现代中国思想与学术的本土来源主要有两个：一个是清代的考证学，另一个就是宋明以来的理学。参看Benjamin A.Elman，“The Unravelling of Neo-Confucianism: From Philosophy to Philology in Late Imperial China”（Benjawin A Elman，1983: 67-89）。从艾尔曼文中的注释可知，他的这一看法正是受到了岛田虔次《中国近代思维的挫折》的影响。

两国对阳明学的评价对比，人们不禁为这种评价的悬殊之大而感到吃惊。然而，一种独自形成的思想，在它诞生的过程中就完全陨落了，应该得到很好评价的东西完全没有了，这是令人难以置信的。（岛田虔次，2005：1）

岛田这段为王学在中国的遭遇打抱不平的文字，可谓情见乎辞。从中可以看出，日本独特的王学传统深刻地影响了日本汉学家观察中国“近代思想”时的视角，这样的说法应该并不为过。

既然岛田和沟口认定王学为中国“近代思想”的源头，他们自然就要强调明、清思想连续的一面，而不是像中、西学人那样看重明、清思想的转折，甚或视清学为明学的反动。因为如果承认清代思想完全是从对王学的反动中而来，那么在中国“近代思想”的历程中，反王学的清代三百年就将变成一个空白时代。所以岛田要表示，“说清学的实事求是是对明学空疏的‘反动’而引起，说明清的精神史是没有联系的”，这是“根据清学来规范明学的态度”所招致的“重大的错误结果”。他当然不是认为明、清思想之间没有变化与差异，因为“明、清的非连续性，本来就是理所当然的，但是，如果不抓住在其本质上所存在着的、具有深刻连续性的基础构造，那么，要想统一地把握近世的中国，归根结底是不可能的”（岛田虔次，2005：4，5）。沟口因此而盛赞岛田“是最早的、正式的以‘掌握明清之际连续着的基础构造’为自己研究课题的第一个人”，同时自认是这一课题的“后发者和后进者”（沟口雄三，2005：28，29）。

但不免让人稍感遗憾的是，无论是岛田还是沟口，他们对明清思想连续性的论述皆多有不足。岛田的问题沟口已经觉察到了。他说岛田“既正确地说（清朝考证学）‘在更深一层的意义上说，是明朝心学的连续和开展’，但又说‘不是自然的开展，而是被强制的和被扭曲的’”，而以清代思想“为被扭曲的这一视点”，“不但不能说明明清的连续性，就是对清末革命思想的历史继承性也不能充分说明”（沟口雄三，2005：34）。我在阅读岛田的《挫折》一书时也感觉到，虽然“掌握明清之际连续着的基础构造”是作者的基本意图之一，但他的论述不仅没让我感受到这种连续，反而隐隐透露着明清之际的断裂。他一再称清学为“现代的科学实证学”、称清儒为“现代意义上的‘学者’”，那么我实在无法明白，被他视为中国“近代思想”的阳明学与“现代的科学实证学”之间究竟具有怎样的“连续性的基础构造”？现在根据沟口的话来看，我的这一感受至少不是完全出于误解。岛田颇坦诚地说，“著者在本书中把欧洲近世性的特征——或，在形成市民社会的近世的时候，参与其过程而起了很大作用的欧洲性的特征——作为法则上的有典型性的特征而设想起来，然后在与此的对照中来试图理解旧中国”（岛田虔次，2005：114，88，195）。沟口很正确地指出，这种十足的“欧洲近代”史观正是岛田出现上述问题的根源所在：“依据‘欧洲近代’史观的人士，其结论不能不说这个‘近代’，在明末清初遭到了挫折”，“因为王学左派所重视的这些所谓‘近代’的倾向，随着阳明学的告终，在清代就完全消灭了”（沟口雄三，2005，“序”：3）。

岛田以王学左派，特别是泰州学派的李贽为中国近世思想的高峰，以此为视点来寻找明清思想的连续性，其困难是可以想见的。岛田说“清朝泰州学派的学统究竟是怎样的我不完全清楚”（岛田虔次，2005：202），这是很自然的事。钱穆即曾看出，“清儒理学既无主峰可指，如明儒之有姚江；亦无大脉络大条理可寻，如宋儒之有程朱与朱陆”（钱穆，2004：362）。所以泰州学派在清代究竟还有没有所谓学统，甚至还能不能说存在这样一个学派，本身就是问题。在王学已成过街老鼠人人喊打的清代，也实在难以令人相信明末的泰州王学竟是那一时代思想史的“基础构造”。

沟口接受了岛田所提示的晚明王学的线索、补偏救弊，继续探寻中国“近代思想”的独特性与明、清思想的连续性。他补偏救弊的方法，一言以蔽之，就是我们今天已经耳熟能详的“在中国发现历史”。因此他说“岛田氏和我的不同就在于……我是一开始就把理解中国的独特性作为自己的研究课题的”（沟口雄三，2005：30）。换言之，他要着力论证的是，“在中国思想中存在着不同于欧洲思想史的展开的中国独自的思想史的展开”（沟口雄三，2005，“序”：3）。摆脱“欧洲思想”的纠缠让沟口的观察获得了充分的自由，使他不必拘泥于泰州王学（其背后是欧洲近世市民社会的特征）或清代汉学（其背后是“科学”）等所谓“学派”的限制。他可以出入于不同学派人士的思想内部，拈出诸如理、欲、公、私等共有的观念来察其流变。特别是他通过观察晚明到清中叶儒者内部“克己解”（指对《论语》“克己复礼”四字的解释）的变化，为我们勾勒了一条“从明代后期的阳明学到清代中期的戴震学这一期间的思想史的展开”的线索，由岛田提出的明清思想连续性的思路在此才落实为一种具体的可操作的东西。与此同时，沟口又根据戴震的“克己解”指出，“戴震的考证学方法论，说到底，是和（戴氏的）存人欲的天理不可分的”，因为“存人欲的天理”观认为所谓的理应该“对万人都是普遍妥当的”，这就要求必须“就着万人共有的经典而定立理的是非邪正”（沟口雄三，2005：274，300）。这样，戴震的考证学和义理学之间就被一条可以理解的逻辑联系起来了。在我看来，与将戴震的考证学视为一种“知识主义的转变”相比，沟口这种对戴震的认识似乎更加符合戴氏作为一名“儒者”的背景。

所以，在以“学派”为视点的岛田那里，晚明王学尤其是李贽的思想不能不被看成遭受了挫折，而在沟口则发现，虽然他们在明末以降始终被视为异端，但他们的“思想、行为的真髓却被历史地继承下来了”（沟口雄三，2005：34）。于是乎，沟口下面这段带有总结意味的话就极值得留意了：

> 从阳明学到戴震学（比较一般地说，就是明清思想），只从克己解这一项来看，它在思想史的一个脉络之中完成了继起性的展开。……这个展开是由于难以抑制的时代潮流，而与王门的为善去恶派、无善无恶派，以及东林派、实践躬行派、考证学派等的学派异同无关，由此我们也可确认，学派的辨别在解明思想史的潮流上只具有次要、再次要的意义。（沟口雄三，2005：315）

沟口说这段话时是在20世纪70年代，而即使是到了今天，这种认为学派的差别是“次要、再次要”的言论，在明清思想史领域内（尤其是清学史领域内），仍然会被视为相当大胆的。应该说，沟口这番“在中国发现历史”的努力的确使他在中国发现了“历史”。他发现的这个“历史”纵然未必那么“正确”，但他这种超越“学派”的思路的确能为我们观察明清思想的连续性提供更宽阔的视野。

不过沟口所勾勒的这个明清“思想史的一个脉络”仍然

显得过于单薄了。首先，在清代领域内，他予以较多关注的只有黄宗羲、颜元和戴震等几个人，对这几个人也只是从“民本思想”或“克己解”等几项特殊的论题上着眼。这些特殊的论题同他们的整个思想体系是如何配合的？他们的整个思想体系是否又如何体现着明清思想的连续性？这些问题都还未予清楚的交代。至于其他众多的清代儒者的思想状况，更是基本没有涉及。其次，纵然明清思想确实有“连续着的基础构造”，但至少在面貌上，“尊德性”的明代理（心）学与“道问学”的清代汉学的确是迥然不同的。这种既连续又断裂的现象应该如何解释呢？换言之，沟口为自己确定的任务是弄清“（明清儒学）现象上的差异是在什么样的基础构造上展开的”，而我们势必还要追问，“现象上的差异”和“基础构造”之间又具有怎样的关联呢？对此问题沟口没有着意探究，不过这并不是由于他的疏忽，因为正如他所说，“在我们之间还没有确立综合地掌握这一事实的视点”（沟口雄三，2005：36）。而令人颇感遗憾的是，直到今天，我们也还没能建立，甚至似乎没有感到亟须建立这样一个综合的视点。

从晚清开始，西方科技和文化的东传陡然加剧，在经过“礼失求野”一类思想调适并最终宣告无效之后，中国知识界在整体上陷入了极度的紧张之中。中国思想传统中的“科学”成分成了中国学人有意无意间拼命想要发掘的东西。无奈与西方自然科学直接对应的那部分家底实在寒碜得拿不出手，于是至少可以牵扯上“科学精神”的清代汉学不得不出来救场，被冠以“中国的文艺复兴”“科学的曙光”“为知识而知识”等名号。顾颉刚曾回忆说：“在北京大学的同学中，毛子水（准）先生是我最敬爱的。……我每次到他斋舍里去，他的书桌上总只放着一种书，这一种书或是《毛诗》和《仪礼》的注疏，或是数学和物理的课本。”（顾颉刚，1998：151）中国学人用清代汉学的经学考据传统来接引（或对抗）西方的自然科学，这幅不免有些苦涩的画卷，在毛子水的书桌上生动地展现出来了。不能不承认，这种“科学”阴影下的紧张，在当代中国学人的心中仍然挥之不去。清代汉学之所以会成为中国学人讨论晚明和清代思想的“近代性”时关注的焦点，在很大程度上恐怕都和这一紧张有关。余英时教授曾在其《论戴震与章学诚》一书语意凝重的《自序》中说：“我们必须承认，儒学的现代课题主要是如何建立一种客观认知的精神，因为非如此便无法抵得住西方文化的冲击。”（余英时，2000，“自序”：7）我相信他的话在相当程度上仍能够代表当代中国学人的整体心理。

作为现代研究者，我们在研究中通常会做出某些有意识的申明，比如我们会说，不再简单地认为清代汉学体现的就是西方“科学”的精神，更不会认为汉学的发展必然会导出自然科学。但有时候，这些申明会显得总有那么一点暧昧或不太甘心。我们像身处“科学”的故乡的西方汉学家那样，更重视明、清思想的非连续性，更愿意强调清代汉学针对宋明理学的“知识主义的转变”，而不太注意日本汉学家提示的晚明以降王学的连续演变线索。就此而论，恐怕多少表明我们的思路里仍然潜藏有趋近“科学”的目的论倾向。

不过我必须“有意识地申明”，我这样说绝无意表示岛田和沟口等日本汉学家的思路才是“正确”的。事实上，岛田和沟口的论述也同样有目的论的倾向。前者一心要“打破言之不成理的亚细亚停滞论”，后者是要“以亚洲固有的概念重新构成‘近代’”（沟口雄三，2005：28，7）。欧洲有欧洲的“近代”，而亚洲有亚洲的“近代”，这与其说是他们证明出来的结论，不如说是他们预设的前提。不仅如此，在何为“近代”、何为“前近代”等问题上，他们也没能克服诸多理论解释上的困难。葛兆光教授已经看出，既然沟口认为欧洲、亚洲、中国、日本，“各有各的”近代，大家都可以不一样，那么他又“怎么能够在可以被共同理解的范围内，说出一个曾经存在于时间和空间中的，大家都明白的‘近代’和‘近代性’来”？（葛兆光，2002：22）这个困难对岛田来说也同样存在。“本来的意图原在于解明中国的独特性”的岛田竟会毫无保留地以“欧洲近世性的特征”为标尺来衡量中国，正是由于所谓“近世性”“近代性”“中国的独特性”等概念的内涵实在难以确定，所以为了“大家都明白”，最后不得不认为最稳妥的方法还是“不如把已经非常完备的欧洲式学问的诸概念作为Index来实行”。在《挫折》新版的《后记》里岛田便承认，他“把欧洲近世性的特征作为法则上有典型性的特征而设想起来”，这种方法“表达了当时难以下定义的踌躇感”（岛田虔次，2005：178）。除了这些问题，又如前文所提及，岛田与沟口的视角之形成是有日本王学的特殊境遇为其背景的，即便只从这一点上看，他们的论述也充其量只能是一家之言。

简单地说，我只是有这样一种看法，即通过观察东洋眼光下的中国“近代思想”的图像，可以帮助已经熟悉明清思想断裂一面的我们，在同一时刻关注到明清思想连续的一面。既然这两面同时存在，那么特异于宋明理学的清代汉学的“道问学”精神，恐怕就不能代表清代儒学的全部传统，也就不能被孤立出来视为一种“知识论述”或解释为“知识主义的转变”。它在历史语境里的真正意义必须与明清思想连续性的这一面结合起来重新加以整体的考虑。所以我深信，同时看到断裂与连续的两面，将有利于我们获得考察明清思想，尤其是清代思想史的新的“综合的视点”。

参考文献

Benjamin A.Elman（艾尔曼），1983："The Unravelling of Neo-Confucianism：From Philosophy to Philology In Late Imperial China"，《清华学报》（新竹），第15卷

Benjamin A.Elman（艾尔曼），1997：《从理学到朴学——中华帝国晚期思想与社会变化面面观》，赵刚译，南京：江苏人民出版社

Benjamin A.Elman（艾尔曼），2010：《经学·科举·文化史：艾尔曼自选集》，曹南屏、张晓川译，北京：中华书局

敖光旭，2001：《20世纪的乾嘉考据学成因研究及存在的问题》，《中山大学学报》，2001年第1期

Cynthia J.Brokaw（包筠雅），1999：《功过格——明清社会的道德秩序》，杜正贞、张林译，杭州：浙江人民出版社

Peter Burke（彼得·伯克），2005：《欧洲近代早期的大众文化》，杨豫等

译，上海：上海人民出版社

Timoth Brook（卜正民），2004：《纵乐的困惑：明代的商业与文化》，方骏、王秀丽、罗天佑译，北京：生活·读书·新知三联书店

蔡锦芳，2006：《戴震生平与作品考论》，桂林：广西师范大学出版社

陈国栋，1999：《从蜜蜂寓言到乾隆圣谕——传统中西经济思想与现代的意义》，《当代》，第142期

陈瑚，1997：《確庵文稿》，《四库禁毁书丛刊》，集部，第184册，北京：北京出版社

陈来，2010：《中国近世思想史研究》，北京：生活·读书·新知三联书店

陈泉，2000：《王阳明圣人观的平民化倾向及其政治原因》，《重庆师范学院学报》，2000年第1期

陈荣捷，2007：《近思录详注集评》，上海：华东师范大学出版社

陈荣捷，2009：《王阳明〈传习录〉详注集评》，上海：华东师范大学出版社

陈士珂，1936：《孔子家语疏证》，上海：商务印书馆《丛书集成初编》本

陈祖武、朱彤窗，2005：《乾嘉学术编年》，石家庄：河北人民出版社

程瑶田，2008：《程瑶田全集》，陈冠明等点校，合肥：黄山书社

岛田虔次，2005：《中国近代思维的挫折》，甘万萍译，南京：江苏人民出版社

戴震，1979：《戴震哲学著作选注》，安正辉编注，北京：中华书局

戴震，1980：《戴震集》，汤志钧点校，上海：上海古籍出版社

刁包，1995：《用六集》，《四库全书存目丛书》，集部，第196册，济南：齐鲁书社

段玉裁，2008：《经韵楼集》，钟敬华点校，上海：上海古籍出版社

樊树志，2016：《晚明史》，上海：复旦大学出版社

方东树，1998：《汉学商兑》，北京：生活·读书·新知三联书店

方东树，2002：《考盘集文录》，《续修四库全书》，集部，第1497册，上海：上海古籍出版社

冯班，2013：《钝吟杂录》，北京：中华书局

冯友兰，2000：《中国哲学史》，上海：华东师范大学出版社

傅衣凌，2007：《明代江南市民经济试探》，北京：中华书局

高攀龙，1876：《高子遗书》，光绪二年刊本

葛兆光，2002：《域外中国学十论》，上海：复旦大学出版社

沟口雄三，2005：《中国前近代思想的演变》，索介然、龚颖译，北京：中华书局

顾颉刚，1998：《当代中国史学》，沈阳：辽宁教育出版社

顾宪成，1877A：《顾端文公遗书》，光绪三年刊本

顾宪成，1877B：《小心斋札记》，光绪三年刊本

顾宪成，1877C：《泾皋藏稿》，光绪三年重刊本

顾炎武，1983：《顾亭林诗文集》，华忱之点校，北京：中华书局

顾炎武，1994：《日知录集释》，黄汝成集释，秦克诚点校，长沙：岳麓书社

顾允成，1886：《小辨斋偶存》，光绪十二年刊本

国家清史编纂委员会编译组，2013：《清史译丛》第十一辑《中国与十七世纪危机》，北京：商务印书馆

侯外庐，1958：《中国早期启蒙思想史——中国思想通史第五卷》，北京：人民出版社

胡适，1991：《胡适学术文集·中国哲学史》，章清、吴根梁编，北京：中华书局

黄进兴，1998：《评Benjamin Elman的*From Philosophy to Philology*》，收在《优入圣域：权力、信仰与正当性》，西安：陕西师范大学出版社

黄克武，1991：《清代考证学的渊源——民初以来研究成果之评介》，《近代中国史研究通讯》，1991年第11期

黄宗羲，1932：《明儒学案》，上海：商务印书馆《国学基本丛书》本

黄宗羲，1959：《黄梨洲文集》，陈乃乾编，北京：中华书局

黄宗羲，2005：《黄宗羲全集》，吴光执行主编，杭州：浙江古籍出版社

焦竑，1999：《澹园集》，李剑雄点校，北京：中华书局

Craig Clunas（柯律格）,1991: *Superfluous Things: Material Culture and Social Status in Early Modern China*, Cambridge: Polity Press

焦循，1936：《雕菰集》，上海：商务印书馆《丛书集成初编》本

焦循，1993：《孟子正义》，上海：上海古籍出版社影印本

劳幹，2006：《古代中国的历史与文化》，北京：中华书局

黎靖德，1986：《朱子语类》，北京：中华书局

李明友，1994：《一本万殊：黄宗羲的哲学与哲学史观》，北京：北京人民出版社

李颙，1996：《二曲集》，陈俊民点校，北京：中华书局

李贽，1959：《续藏书》，北京：中华书局

李贽，1975：《焚书》，北京：中华书局

梁启超，1985：《梁启超论清学史二种》，朱维铮校注，上海：复旦大学出版社

梁启超，2001：《论中国学术思想变迁之大势》，上海：上海古籍出版社

梁启超，2010：《清代学术概论》，北京：中华书局

林丽月，2005：《蒹葭堂稿与陆楫“反禁奢”思想之传衍》，陈国栋、罗彤华主编，《台湾学者中国史研究论丛·经济脉动》，北京：中国大百科出版社

林庆彰，2003：《清乾嘉考据学者对妇女问题的关怀》，林庆彰、张寿安主编，《乾嘉学者的义理学》上册，台北：“中研院”中国文哲研究所

林文勋，2011：《唐宋社会变革论纲》，北京：人民出版社

林毓生，2011：《中国传统的创造性转化》，北京：生活·读书·新知三联书店

刘述先，2010：《儒家哲学研究：问题、方法及未来开展》，上海：上海古籍出版社

刘宗周，2007：《刘宗周全集》，吴光主编，杭州：浙江古籍出版社

陆九渊，1935：《象山先生全集》，上海：商务印书馆《国学基本丛书》本

陆世仪，1936：《陆桴亭思辨录辑要》，上海：商务印书馆《丛书集成初编》本
陆世仪，2002：《桴亭先生文集》，《续修四库全书》，集部，第1398册，上海：上海古籍出版社
罗汝芳，2007：《罗汝芳集》，方祖猷、梁一群、李庆龙编校，南京：凤凰出版社
吕坤，2008：《吕坤全集》，王国轩、王秀梅整理，北京：中华书局
吕留良，2002：《四书讲义》，《续修四库全书》，经部，第165册，上海：上海古籍出版社
吕思勉，1997：《吕思勉遗文集》，华东师范大学出版社编，上海：华东师范大学出版社
毛奇龄，1937：《西河文集》，上海：商务印书馆《万有文库》本
蒙文通，1987：《蒙文通文集》第一卷《古学甄微》，蒙默整理，成都：巴蜀书社
蒙文通，2007：《儒学五论》，桂林：广西师范大学出版社
钱穆，1994：《中国文化史导论》，北京：商务印书馆
钱穆，1997：《中国近三百年学术史（卷八）》，北京：商务印书馆
钱穆，1999：《中国现代学术经典·钱宾四卷》，刘梦溪主编，石家庄：河北教育出版社
钱穆，2002：《朱子学提纲》，北京：生活·读书·新知三联书店
钱穆，2004：《中国学术思想史论丛》，合肥：安徽教育出版社

钱谦益，1985：《牧斋初学集》，钱仲联标校，上海：上海古籍出版社

钱谦益，2007：《牧斋杂著》，钱仲联标校，上海：上海古籍出版社

丘为君，1994：《清代思想史“研究典范”的形成、特质与义涵》，（新竹）《清华学报》，第24卷4期

十三经注疏整理委员会，2000：《礼记正义》，北京：北京大学出版社

沈垚，1918：《落帆楼文集》，吴兴刘氏嘉业堂刊本

沈登瀛，1994：《深柳堂文集》，《丛书集成续编》，上海：上海书店出版社

Benjamin I. Schwartz（史华慈），2006：《史华慈论中国》，许纪霖、宋宏编，北京：新星出版社

宋应星，1976：《野议·论气·谈天·思怜诗》，上海：上海人民出版社

苏舆，1992：《春秋繁露义证》，钟哲点校，北京：中华书局

孙奇逢，2004：《夏峰先生集》，朱茂汉点校，北京：中华书局

汤斌、方苞，1936：《孙夏峰先生年谱》，上海：商务印书馆《丛书集成》初编本

Hoyt Tillman（田浩），2009：《朱熹的思维世界》，南京：江苏人民出版社

王栋，1995：《一庵王先生遗集》，《四库全书存目丛书》，子部，第10册，济南：齐鲁书社

王汎森，1994：《“心即理”说的动摇与明末清初学风之转变》，《“中研院”历史语言研究所集刊》第六十五本第二分

王汎森，2004：《晚明清初思想十论》，上海：复旦大学出版社

王汎森，2012：《章太炎的思想——兼论其对儒学传统的冲击》，上海：上海人民出版社
汪绂，2002：《双池文集》，《续修四库全书》，集部，第1425册，上海：上海古籍出版社
王夫之，1975A：《读四书大全说》，北京：中华书局
王夫之，1975B：《读通鉴论》，北京：中华书局
王夫之，2009：《思问录·俟解·黄书·噩梦》，王伯祥点校，北京：中华书局
王国维，1997：《静庵文集》，沈阳：辽宁教育出版社
王畿，2007：《王畿集》，吴震编校，南京：凤凰出版社
王守仁，1936：《王文成公全书》，上海：商务印书馆《国学基本丛书简编》本
王余佑，2011：《五公山人集》，张京华点校，上海：华东师范大学出版社
Frederic Wakeman Jr.（魏斐德），1995：《洪业——清朝开国史》，陈苏镇、薄小莹等译，南京：江苏人民出版社
魏源，1983：《魏源集》，中华书局编辑部编，北京：中华书局
巫仁恕，2008：《品味奢华——晚明的消费社会与士大夫》，北京：中华书局
吴天墀，2016：《吴天墀文史存稿（增补本）》，北京：北京师范大学出版社
吴伟业，1990：《吴梅村全集》，李学颖、集评标校，上海：上海古籍出

版社

厦门大学历史系，1975：《李贽研究参考资料第一辑》，福州：福建人民出版社

厦门大学历史系，1976：《李贽研究参考资料第二辑》，福州：福建人民出版社

夏炘，1855：《景紫堂文集》，咸丰五年刊本

徐复观，2004A：《中国思想史论集》，上海：上海书店出版社

徐复观，2004B：《中国思想史论集续编》，上海：上海书店出版社

颜钧、韩贞，1996：《颜钧集》附《韩贞集》，黄宣民点校，北京：中国社会科学出版社

阎若璩，2010：《尚书古文疏证》，黄怀信、吕翊欣点校，上海：上海古籍出版社

严寿澂，2008：《近世中国学术思想抉隐》，上海：上海人民出版社

颜元，1987：《颜元集》，王星贤、张芥尘、郭征点校，北京：中华书局

杨联陞，1998：《国史探微》，沈阳：辽宁教育出版社

永瑢等，1965：《四库全书总目》，北京：中华书局影印本

余英时，1998：《现代儒学论》，上海：上海人民出版社

余英时，2000：《论戴震与章学诚——清代中期学术思想史研究》，北京：生活·读书·新知三联书店

余英时，2004：《现代儒学的回顾与展望》，北京：生活·读书·新知三联书店

余英时，2006：《宋明理学与政治文化》，桂林：广西师范大学出版社
俞正燮，1957：《癸巳类稿》，上海：商务印书馆
章太炎，2000：《蓟汉三言》，虞云国点校，沈阳：辽宁教育出版社
章太炎、刘师培等，2006：《中国近三百年学术史论》，徐亮工编校，上海：上海古籍出版社
章学诚，1961：《文史通义》，北京：中华书局
章学诚，1985：《章氏遗书》，刘承幹编，北京：文物出版社
张寿安，2001：《以礼代理——凌廷堪与清中叶儒学思想之转变》，石家庄：河北教育出版社
张寿安，2005：《十八世纪礼学考证的思想活力——礼教论争与礼秩重省》，北京：北京大学出版社
张寿安，2006：《打破道统，重建学统——清代学术思想史的一个新观察》，《"中研院"近代史研究所集刊》，总第52期
张循，2010：《明清之际连续着的基础构造——读岛田虔次〈中国近代思维的挫折〉和沟口雄三〈中国前近代思想的演变〉》，《二十一世纪》，总第117期
张仲礼，1991：《中国绅士——关于其在19世纪中国社会中作用的研究》，李荣昌译，上海：上海社会科学院出版社
赵园，1999：《明清之际士大夫研究》，北京：北京大学出版社
赵园，2006：《制度·言论·心态——〈明清之际士大夫研究〉续编》，北京：北京大学出版社

“中研院”近代史研究所，1984：《近世中国经世思想研讨会论文集》，台北：“中研院”近代史研究所

周昌龙，2004：《新思潮与传统——五四思想史论集》，南昌：百花洲文艺出版社

周积明，2002：《乾嘉时期的学统重建》，《江汉论坛》，2002年第6期

周积明、雷平，2006：《清代经世思潮研究述评》，《汉学研究通讯》，2006年第1期（总97期）

朱熹，1983：《四书章句集注》，北京：中华书局

朱熹，2001：《四书或问》，黄坤点校，上海：上海古籍出版社

主题索引

Z

图书在版编目（CIP）数据

从此殊途 : 儒学社会性格的明清嬗蜕 / 张循著. --
成都 : 巴蜀书社, 2022.6 (2022.10重印)
（深描丛书 / 王东杰主编）
ISBN 978-7-5531-1575-7

Ⅰ. ①从… Ⅱ. ①张… Ⅲ. ①儒学－社会学－研究－
中国－明清时代 Ⅳ. ①B222.05

中国版本图书馆CIP数据核字(2021)第219913号

CONGCI SHUTU RUXUE SHEHUI XINGGE DE MINGQING SHANTUI

从此殊途：儒学社会性格的明清嬗蜕

张循　著

策划编辑　周　颖　吴焕姣
责任编辑　王　莹　李　蕾　周　雨
封面设计　周伟伟
内文设计　四川胜翔数码印务设计有限公司
出　　版　巴蜀书社
　　　　　四川省成都市锦江区三色路238号新华之星A座36楼　邮编：610023
　　　　　总编室电话：（028）86259397
网　　址　www.bsbook.com
发　　行　巴蜀书社
　　　　　发行科电话：（028）86259422　86259423
经　　销　新华书店
印　　刷　成都东江印务有限公司
版　　次　2022年6月第1版
印　　次　2022年10月第2次印刷
成品尺寸　130mm × 185mm
印　　张　6.75
字　　数　120千
书　　号　ISBN 978-7-5531-1575-7
定　　价　58.00元